U0927178

付桂萍 著

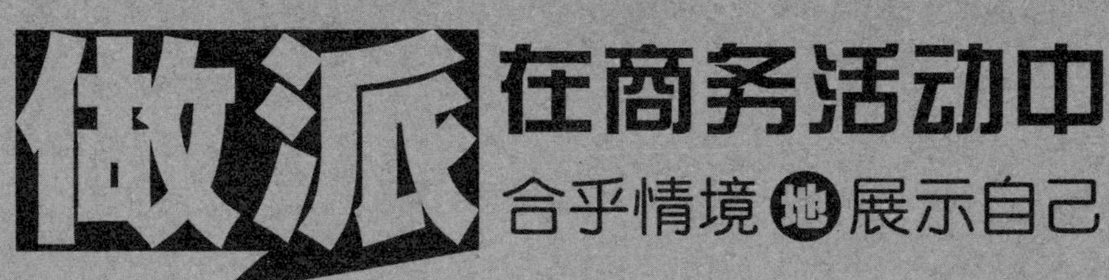

CNS PUBLISHING & MEDIA 湖南人民出版社 博集天卷 CS-BOOKY

图书在版编目（CIP）数据

做派：在商务活动中合乎情境地展示自己 / 付桂萍著 . —长沙：湖南人民出版社，2013.10

ISBN 978-7-5438-9918-6

Ⅰ . ①做… Ⅱ . ①付… Ⅲ . ①商务—礼仪 Ⅳ . ① F718

中国版本图书馆 CIP 数据核字（2013）第 248544 号

上架建议：礼仪 / 人际关系

做派：在商务活动中合乎情境地展示自己

作　　者： 付桂萍
出 版 人： 谢清风
责任编辑： 胡如虹
监　　制： 于向勇　康　慨
特约编辑： 龙　右
封面设计： 彰品文化
版式设计： 崔振江
出版发行： 湖南人民出版社［http://www.hnppp.com］
地　　址： 长沙市营盘东路 3 号
邮　　编： 410005
印　　刷： 北京嘉业印刷厂
经　　销： 新华书店
开　　本： 787mm × 1092mm　1/16
字　　数： 200 千字
印　　张： 13.5
版　　次： 2013 年 11 月第 1 版
印　　次： 2013 年 11 月第 1 次印刷
书　　号： ISBN 978-7-5438-9918-6
定　　价： 34.80 元
（若有质量问题，请致电质量监督电话：010-84409925）

目录

CONTENTS

CONTENTS

目录

CONTENTS

目录

前　言
何谓礼仪？

何谓“礼”？《孟子》曰：“有礼者敬人。”就是说，在人与人的交往中，要尊重别人，当然同时也要尊重自己。“仪”就是将对别人和自己的尊重用恰当的方式表达出来。这表明礼仪的本质是尊重，而礼仪的精髓在于换位思考。我们刚走上社会，在礼仪方面会存在很多认识上的误区和错误的做法。虽然并非故意，但传递给别人的信息是不尊重。

举个例子。有一次，朋友去一个单位办事，接待他的女孩很漂亮。说实话，见她第一面的时候，朋友有点晕。因为她的耳朵上穿了三组孔，戴了三组耳饰，分别是银耳钉、铂金耳钉和一对耳环。接过公文包时，朋友发现她的五根手指上戴了四枚戒指，分别是彩金的、铂金的、琥珀的和一枚钻戒。手腕上还戴了不少手串，有红珊瑚的，有银质的，还有一副玉镯。因为她穿着高领衬衣，朋友没看清楚她是否戴着好几条项链。这个女孩给他的感觉就是：远看像圣诞树，近看像杂货铺。这个80后的女孩穿着比较随性自我，从礼仪的角度来说则是不尊重别人，结果就是别人也会不尊重她。

诸如此类的事情在我们的生活中随处可见。作为现代人，在礼仪方面做到恰到好处，既体现了一个人的内在修养，又展现了良好的个人形象，对于促进交往、提升自己的影响力有着不可估量的作用。

一个懂礼仪、有教养的人在工作和生活中必定很少犯错误，在人际交往中也很少得罪人。这种不出问题或者少出问题，其本质就是效益最大化。那么，怎么才能成为一个懂礼仪的人呢？

七个字：有所为，有所不为。

什么场合该做什么事、不该做什么事，一定要分清楚；见到不同的人该说什么话、不该说什么话，心里一定要有谱；待人接物何时该进，何时该退也是有规律可循的。礼仪并非神秘莫测，它的一个显著特点就是规范性。大家都知道见到长辈要用尊称，跟上司拍桌子就意味着你要走人，打电话的时候一定要等地位高的人先挂电话……礼仪强调的其实就是符合标准，不可以恣意妄为，不能越礼。另外，礼仪有特定的对象，在不同的场合、不同角色的人物之间，有着不同的处理方式。

心理学家指出，我们在别人心目中的印象，一般在 15 秒内就能形成，别人依据我们的衣着打扮、谈吐与行为来形成第一印象。要改变一个人对你的初次印象并不容易，因此职场人士必须在同事和客户面前建立一个良好的初次印象，才能实现顺利合作。在职场中，礼节是人际关系的润滑剂，能够非常有效地减少人与人之间的摩擦。要准确牢记对方的名字，说出的头衔正确，弄清楚是昵称还是行业内称呼，这些都是不能犯错的。如果被此类问题卡住，对方无疑会视你为异类。

如果是招待访客，作为主人，你就要给访客创造一个舒适的环境。室内的温度、灯光、饮料和房间里的气氛都要适宜，虽然有些是很小的细节，但也会让访客感到舒心。别人会通过观察双方之间的简单互动来判断你和你的公司，并形成印象，文雅、真诚的印象能增加好感、加深友情。而与同事沟通，注重礼仪可以营造一个和睦、友好的人际环境。显而易见，如果同事之间的关系融洽和谐，上班就会变成一件快乐的事情。如果商务礼仪运用得当，你处理起和客户、同事之间的关系就会游刃有余，工作就能顺利进行，从而促进事业的发展。

最后，期望本书能够让你享受有关礼仪的饕餮盛宴，祝你万事如意！

第一章 着装礼仪：

30 秒，让你从成年走向成熟

男 士 篇

别让坏习惯出卖了你

一个人连续重复同样的行为 21 天，这种行为就会成为他的习惯。好的习惯可以拯救一个人，坏的习惯也可以毁掉一个人。

有这样一个故事：一位没有继承人的富豪死后将自己的一大笔遗产赠送给远房的一位亲戚，这位亲戚是一个常年靠乞讨为生的乞丐。接受遗产的乞丐马上就乌鸦变凤凰，成了一位新的富豪。记者闻讯来采访这名幸运的乞丐："继承了遗产之后，你想做的第一件事是什么？"乞丐回答说："我想买一只好一点儿的碗和一根结实的木棍，这样我以后出去乞讨时会更方便一些。"由此可见，习惯对于一个人的命运有着多大的影响！

曾有先哲说过："播下一个行动，收获一种习惯；播下一种习惯，收获一种性格；播下一种性格，收获一种命运。"改掉不良习惯，对你将来的事业有着极大帮助，在礼仪方面的修炼同样也如此。

生活中的我很喜欢观察，也见过一些表现出不良习惯的人。比如，有些男性喜欢喝酒，一喝就醉；喜欢打牌，一打就赌；喜欢唱歌，一到 KTV，不管唱得好坏，麦霸是一定要当到底的。有些女性伶牙俐齿，能说会道，和别人交谈的时候喜欢抢话说，要么就是口无遮拦。还有的人在公共场合坐姿不雅，跷着二郎腿，左顾右盼。这些不良的习惯都会给人造成轻浮、没有修养的坏印象，并且会影响自身能力的提升和个人前途的发展。

对于职场人士来说，坏习惯会使你的形象大打折扣，甚至可以说，陋习会埋葬你的前程。现在大家都将在写字楼里工作的人称为白领，顾名思义，白领就是素质比较高、薪水比较丰厚的群体。但高薪的白领可不是那么好当的，他们不仅要工作卖力，而且还要在各种场合应酬。工作忙碌起来，有些礼仪就被全然丢在脑后，比如有小污点、袖口磨了边、领口磨损的衬衣也穿出去。要知道衬衣与西装的关系，合身的西装应在双手下垂后，衬衣袖长超过西装袖长 0.5 ~ 1 厘米。试想一下，你穿着一身质地考究的西装，袖口却露出一圈起了毛边的衬衣，这会给别人留下什么印象？别人会认为你不修边幅，说得严重一点儿就是做事不够严谨，会因此怀疑你的团队甚至你所在公司的实力。如果因为这样的细节断送了一个几千万元的单子，你会痛不欲生的！也有的职场男性图简单，不管出席什么场合都穿同一套西装，婚礼穿黑西装，葬礼也穿黑西装，出席会议招待客户还是那身黑西装，这倒也无可厚非，关键是要多准备几款衬衣。可是，有的人永远都是黑西装、白衬衣、黑皮鞋和白色袜子，这就严重不符合礼仪规范了。当你能认真对待这些细节的时候，你的仪表和行为就会告诉对方，你一定是一个对自己和别人都负责的人。

每一个人都希望自己能够赢得朋友、同事、领导和客户的尊重和欣赏，那么你首先要尊重自己，穿着得体、举止妥帖、语言礼貌、微笑真诚，这一切本身就证明了你的素质和修养，是你最有说服力的名片，如此一来，何愁前路不平坦？当然，改掉不良习惯需要毅力，要按照古人所说的“慎独”去要求自己，每时每刻都不能放松对自己的要求。只有这样才能养成良好的习惯，为你的成功打下良好的基础。

男人：得体的着装是你最闪亮的名片

有人说："什么都不穿的人对社会的影响力小到几乎没有。"服装对一个人的影响究竟有多大？我们来看几个例子。

美国黑人政治家奥巴马曾被多个杂志评为"最佳着装人士"。他的衣着总是契合男装潮流——修身西服和锥形领带总是让他显得格外年轻、低调、优雅。奥巴马的魅力让不少人觉得即使他穿泳裤也会很帅。有人夸张地说，奥巴马之所以能够在"超级星期二"后一口气拿下 11 个州，是因为其俊朗时尚的外表能够通吃 20 岁到 40 岁的所有女性选民。这就验证了美国媒体的话："领导人衣橱里每一个微小的细节，都可能被观察家们解读为显示政治和经济前景的迹象。"

美国第 39 任总统卡特的"坏人缘"很大程度上因为他糟糕的穿衣风格，他曾在迈阿密演讲时身着夏威夷的衬衫。杜鲁门的连任失败，也与他偏好双色鞋、蝴蝶结领带和双排扣西服的花哨打扮不无关系。"毕竟，谁也不放心把国家交到一个'花花公子'手上。"

从上面的例子不难看出，在社会上进行交往时，一个人如何着装，将影响到这个人的可信度以及别人对这个人的态度和配合程度。总统尚且如此，何况你我平凡职场人呢？美国心理学家彼德·罗福认为，一个人的衣着不只传递了他的情感，还显示着他的智慧。也许有人会说，我怎么穿戴，怎么张扬个性，那是我自己的事情，别人管不着。殊不知，着装显示着一个人的隐性素质，也是一个成功男士管理细节的重要体现。

从着装还可以进一步引申到印象管理。印象管理，又称印象整饰，说的是人们试图管理和控制他人对自己形成印象的过程。生活中，大多数男士不知道什么是印象管理。引入印象管理，其必要性在于能强化自我形象，将以前无意识的形象管理朝着可控制的方向拉动。因此，有这样一种说法：如果你穿得像个百万富翁，那么终有一天你会成为百万富翁。在一些大型企业更有这样的着装原则：老板穿什么，你就穿什么！

生活中我们不难发现，自己总能通过一个人的衣着来判断他的事业成功与否。你可以轻易地发现老板和员工之间的差距。成功老板着得体之装，给人一种器宇轩昂、气度非凡的感觉。相比之下，员工的穿着就显得逊色一些。这也符合人们的交往心理。有研究表明，人与人之间的沟通所产生的影响力和信任度，主要来自语言、语气和视觉三个方面，其中，语言占 7%，语气占 38%，视觉（即外在形象）占 55%，由此可见形象在交流中的重要性。着装作为塑造形象的第一要素，理应成为大家关注的焦点。

如果你想成为一位成功人士，就一定要时刻注重自己的服饰，在日常着装中做到三点：一是符合身份，既符合经济原则，又不会给人突兀感；二是适合环境，懂得在什么场合穿什么服装；三是适合体形，衣不合身会给人留下可笑的印象，个人要知道自己体形的优点和缺点。孔子说："君子不可以不学，见人不可以不饰。不饰无貌，无貌不敬，不敬无礼，无礼不立。"意思是说君子不修饰自己，就仪表不佳，就是无礼，无以立身于世。不难看出，孔子的论述与印象管理学家们的观点如出一辙。可见，着装对于一个男人的生存和发展起着至关重要的作用！

对于大多数职场男士来说，简洁、整齐是上班衣着的第一要旨，没有人会愿意和一个衣着邋遢的男人打交道。此外，衣服的质地对男人同样重要，一套质地优良的西服与一套质地低劣的西服的差别是很明显的。西服无疑是最好的职业装选择，而深色系的西服更为适合，这让你看起来更加稳重和踏实。你要注意的是衬衣、领带和皮鞋要搭配，而文件包、名片夹、皮带之类的配件，也是体现品位的重要细节。

这里给大家提供两款最简单便捷的着装搭配，它既符合职场的严肃性，又满足商务交往对品质的要求，方便又实用。

第一种搭配：一套质地考究的西装配面料上乘的衬衫，势必会使你显得更加年轻。如果你还有一条很有质感的蟒蛇皮的黑色腰带，那就更棒了，如果没有的话，一条黑色的牛皮腰带也是不错的。这一款着装配深棕色的休闲皮鞋，可以起到画龙点睛的作用，让你整个人看起来更有品位。最主要的是，它是商务和职场两用的商务休闲装，不管什么场合都很得体。

第二种搭配：带有学院风的格子西装会让身形较瘦的人变得更有型，但如果你本身就很强壮或者有点儿胖，就不要选这样的款式了。另外，每位男士最好都有一双带有扣襻的鞋子，除了方便穿脱外，它还可以让你更具时尚感。

中国的男人目前大多只有“装”，没有“着”，并且不知道何时“着”什么“装”。学习着装礼仪便是成就男人风采的唯一捷径，因为谁都知道，较高的着装品位不但可以彰显超强的决断力和执行力，而且更容易争取信任感，赢得职场和商场的胜利。

西装：在不同场合彰显男人气质

有人经常发牢骚说，身为男人很可怜，他们的服装不像女性的服装那样丰富多彩。女人春天穿裙子，夏天穿吊带，宴会还有礼服，化妆品、饰品一应俱全，可以百变出场。可男人有什么呢？出席正式场合，除了西装还是西装，区别就是这套西服是一个扣、那套西服是两个扣而已。不过要说到可怜，不懂西装的款式和搭配的男人才是最可怜的。

男人穿西装，只有符合着装礼仪规范，才能替自己的形象加分。得体的服装最起码的标准是合身。很多男士喜欢买大一号的西装穿，有一种说法叫“长西装短夹克”。事实上，如果穿大一号的西装，不仅显得不自信，还容易露出“小人穿大衣”的窘态。因此，选对尺寸尤为重要。

正确的尺寸是你站在穿衣镜前，两只手下垂，西装上衣合肩、笔挺，上衣的下沿刚好到臀部下缘。还有一个检测办法就是，袖口差不多到食指第二关节处。就整体而言，上衣和西裤在视觉的比例为一比一最为完美。

弄清楚了尺寸，接下来就要了解西装和场合的搭配原则。按照场合的需要，西装可以分为礼服和便服两种，其中礼服又可以分为常礼服（又叫晨礼服，白天、日常穿）、小礼服（又叫晚礼服，晚间穿）、燕尾服。礼服要求布料必须是毛料，纯黑，须配白衬衣、黑领结、黑袜子、黑皮鞋。便服又分为便装和正装。人们一般穿的都是正装。正装一般是深颜色、毛料（含毛在 70% 以上），上下身必须是同色、同料、做工良好。

如果因为种种需要，你必须出席以下场合，那么，你该怎样穿西装，该围绕西装来搭配其他服饰才算正确呢？

情景一：宴会。除了宴会这样比较正式的场合，还有比较正式的会见、招待会、婚丧礼以及其他晚间出席的社交活动，都必须穿深色西服，衬衫要求穿白色的，领带要求佩戴有规则花纹或图案的，颜色对比不要太强烈。

情景二：上班。除了要考虑每天的上班着装外，职场人士还需要应对午宴、一般性访问、高级会议等白天举行的一些商务活动。为稳妥起见，你可以穿中等色、浅色西服或较明快的深色西服，可穿素净、文雅、与西服颜色协调的衬衫，佩戴有规则花纹或者素雅的单色领带。

情景三：旅游、访友等。这个没有特别的规定，穿着可以自由一些。一般可选择色调明朗的西服，衬衫可任意搭配，领带也可自由搭配。年轻人都喜欢有点个性，这类场合就可以由着你的性子来。但是，无论怎么搭配，穿西装时搭配都不能太出格。

这样讲还是有点笼统，怎么就知道颜色对比不会太强烈，怎么就知道该搭配条纹衬衫还是花格子衬衫？面对一堆花花绿绿的领带，究竟是大红色的好，还是蓝色斜纹的好？

的确如此，为了帮助大家能够得体地搭配出适合不同场合的着装，这里告诉大家几个注意事项，我们也称作：三个三。

三色原则。就是说，穿西装正装时，全身上下的颜色不能多于三种。比如有人里面穿着花衬衣，外面穿着黑西装，下身穿着一条牛仔裤，脚上穿一双金黄色的休闲鞋。如果去掉这件黑色西装，他的这身打扮无疑很阳光很酷，可西装本身意味着严肃和庄重，这么一搭配，就令人啼笑皆非了。

三一定律。男士在重要场合穿西装的时候，身上的三个地方颜色要一样：鞋子、腰带、公文包。懂礼仪常识的人都知道，只看西装有时候看不出名堂来，但是从一个男人的皮鞋、腰带和公文包一定能看出他的品位。当然，品位不是一下子可以修炼成的。对于职场菜鸟来说，如果你实在不会搭配，那就选最简单也是最大众的颜色——黑色。黑色不但大方，而且显得庄重。不过需要提醒的是，如果你戴了一款金属表，那么表带的颜色应该和皮带扣或者公文包的配饰颜色一致，这样才显得协调。当然了，如果你全身是浑然一体的黑色，也是比较得体的搭配。

三大禁忌。穿西装要切忌有出洋相的地方。最常见的就是一身笔挺的西装，结果一弯腰露出一截秋裤，或者衬衣的一角没有塞进裤子里……虽然这些只是细节，但如果出了问题就会闹笑话，对你的公众形象也有不良影响。因此，这里具体指出：

禁忌一：露出西装袖子的商标。你在商场买西装时通常会看到，左边袖子的袖口有一个绣上去的商标（简称袖标），有的西服袖口上还有纯羊毛的商标。有的人喜欢把这个商标露在外面，并且在跟人说话的时候故意抬高左胳膊，以传递出类似的信息：看，名牌的，好几千块呢！其实那都是不符合礼仪的做法。严格来讲，在你付钱之后，服务生就要帮你拆掉这个商标，那意味着西装启封了。

禁忌二：穿夹克打领带。除非你从事特殊职业，比如法官、警察、军人、空乘等，否则不主张穿夹克打领带，尤其是年轻人，这身打扮会让你显得老气横秋。如果你穿着这一身出去谈合作，更会给客户留下一个不伦不类的印象。

禁忌三：穿西服必用领带夹。男性着装讲究少而精，尽量减少不必要的点缀，尤其是在重要场合。领带夹可用可不用时，一般情况下不主张用。

关于不同场合的西装搭配，还有很多需要注意的地方。但只要把握好三色原则和三一定律，懂得基本的禁忌，你就不会因为大的失误而在对方面前有损形象。当然，如果能在细节上追求完美，必然会进一步提升你的形象。

领带：权威与可信不言而喻

可能大家都有这样的印象：一位西装革履的男士站在你面前时，如果他不打领带，你就会觉得他的整个形象打了折扣，本来很帅的人似乎也变得不那么帅了。在职场也是如此，如果穿着西服却没有系领带，仿佛就少了男性特有的沉稳干练的气质。实际上，西装、衬衫、领带不仅能够丰富整体的层次感，更能从色调上互相烘托，这三者是跻身“优质型”男人的必备单品。如果你不穿西装却打了领带，给人的感觉同样很不协调。

讲述了有关领带的意义之后，我们接下来了解有关领带的搭配原则。这里需要注意以下几点：

领带的选择

一条好的领带不光要考虑颜色，更重要的是要考虑面料是否上乘、图案是否合适、款式是否大方。只有几个因素综合起来考虑，才能选出好领带。

选择标准之面料。领带最高档、最正宗的面料是真丝。除了真丝面料外，尼龙也可以制作领带，但档次较低。

选择标准之款式，也就是领带的形状。一般来说，领带有宽窄之分，主要受时尚左右。选择领带时，最好使领带的宽度与自己身体的宽度成正比，反差不要过大。如果一个人体形比较胖却选择了一条较窄的领带，或者体形偏瘦却选择了比较宽的领带，给人的感觉就是不协调。同样的道理，领带还有箭头与平头之分，这也需要根据一个人的体形特征做出相应的选择。

选择标准之图案。领带的图案很多，其中使用最多的是斜条纹图案。很多男士对于领带图案的选择是盲目的，经常会凭着感觉随便购买。其实领带的图案就像语言一样，不同的图案有着不一样的含义。比如，碎花图案代表体贴，圆点图案代表关怀，方格图案代表热情，斜纹图案代表果断。需要注意的是，在工作和商务交际场合，切记不能系带有卡通和动物图案的领带，因为那样会给人留下不够成熟的印象。

领带色彩的搭配

前面我们说过了，西装的搭配讲究三色原则，即全身上下的颜色不能多于三种。对于职场新手来说，一个简单的搭配原则就是，首先考虑自己的西装和衬衣是什么颜色，领带的颜色要和西装、衬衣的颜色统一和谐。例如你的西装黄色居多，那么咖啡色、深黄色、浅黄色的领带就可以作为首选。根据西装、衬衫和领带的顺序，大概可以排列出三种搭配方法，供大家选择。

第一种，深—浅—深。比如西装是深蓝色，衬衫是淡蓝色，领带又是深蓝色。这是当前最普遍的配色法。

第二种，浅—中—浅。比如西装是驼色，衬衫是棕色，领带又是驼色。这种配色给人以明快舒适的感觉。

第三种，深—中—浅。比如西装是黑色，衬衫是深灰色，领带是浅灰色。这种配色会给人留下优雅美观的印象。

另外，在隆重的社交场合以及公务场合，应该选择单色领带，红色、蓝色、灰色、紫色等颜色最受欢迎，图案以常见的斜条、横条、竖条、圆点、方格为主要款式。

领带的位置

领带的标准位置是：在系好西装上衣的衣扣后，领带位于西装上衣与内穿的衬衫之间。穿西装背心、羊毛衫、羊绒衫、羊毛背心时，领带应该位于以上衣服和衬衫之间。不要让领带溢出西装上衣之外，或者处于西装上衣与西装背心、羊毛衫、羊绒衫、羊毛背心之间，更不要让它夹在两件羊毛衫之间。

我在一个会场见过一个小伙子，大概是因为天气比较冷，他穿了两件毛衣。不知道他没有穿衬衣还是不懂打领带的规则，他把领带系在两件毛衣之间。本来是挺帅的一个小伙子，可仔细一看他的领带，真是令人啼笑皆非。如果他是出去谈业务，估计客户乍一看，就会对这个公司的实力和员工的能力有所怀疑了。

领带的长度

领带到底多长才适宜？这是让很多男士困惑的问题。每个人的身高不同，究竟领带多长才算是最适合自己的长度？你可以对照穿衣镜，领带的标准长度应当是系好后领带下端正好触及腰带扣中间处。这样，当外穿的西装上衣系好扣子后，领带的下端就不会从衣襟下面“探头探脑”地露出来。当然，领带也别系得太短，要是它动不动就从衣襟上面跳出来，那也会让你当众出丑的。最后提醒各位，领带系好之后，千万别把末端别进裤腰带里，那样的方式真的很土。

领带的打法

现在的年轻人为了图省事，专门去挑选一些“一拉得”，套在脖子上后，直接朝上一拉就完事。看似方便简单，其实这种做法并不为商务礼仪所推崇。因为“一拉得”领带档次不高。在正式场合，特别是穿高档西装时，最好不要系“一拉得”领带。

除去“一拉得”领带，正式的领带就有不同的打法，如果你想在商务场合以专业人士的形象出现，建议你多学习几种领带的打法。最常见的打法有亚伯特王子结（打法步骤少，并且不会有过大的领带结堆在领口，造成臃肿不透气的视觉印象）、温莎结（打法较为烦琐，优点在于可以自由掌控领带结的形状和大小，让领口的空间被饱满地填塞，营造出干练直率的精英风范）、浪漫结（领带结形状匀称，领带线条顺直优美，容易给人留下整洁严谨的良好印象）等。

衬衣：给你的魅力加足分

如果一个人不懂得挑选衬衫的原则，随心所欲地乱穿一通，不但会破坏自己的形象，而且会在商务交往中起到很糟糕的作用。

我们经常会在生活中遇到这样一些人：皮肤黑黄却穿着绿色或灰色调的衬衫，这样不但显得肤色更黑更黄，并且会给人造成不讲卫生的感觉；皮肤白皙的人穿亮丽的衬衫，虽然显得皮肤很白皙，却给人女里女气的感觉，少了那份阳刚之气；有的人又胖又矮，却穿方领圆点的衬衫，这样不但显得更胖更矮，还少了利落干脆的风格……

这就有必要说说衬衫的起源。在衬衫具有多种穿法之前，它常常只被当作配角使用。伴随着第二次工业革命的进行，白领阶层越来越壮大，作为绅士、商务人士标准着装的西装样式逐渐确定下来，衬衫也开始有了长足的发展。什么人该穿什么样的衬衫，在什么场合应该选择什么样的衬衫，都有着严格的规定。尤其对于工作不久的年轻人来说，了解并且掌握这些相关的着装礼仪知识，将对职场打拼起到不可估量的作用。

多大的衬衫适合你？

衬衫的大小是以领子的尺码来划分的，领子多大，则是多大的号码。比如，领长若是 37 厘米，即为 37 号。选衬衣时，先拿软皮尺量一下自己脖子的尺寸，然后在此基础上加 1.5 厘米就是你所需要的衬衫的尺寸。比如脖子的尺寸为 36 厘米，那么适合你的衫领大约应为 37.5 厘米。如果商家同意试穿，不要嫌麻烦，最好试穿一下。

选购衬衫时，特别应注意规格。衬衫上标注的 40、41、42 等，即表示领子的围度。现在的商家很体贴，一般会在衬衣的包装上印刷一个表格，上面详细标明身高、体重多少的人应该穿多大领子围度的衬衫。不管是试穿还是买回后穿，穿上衬衫后，系好最上面的扣子后轻轻拉动，领子以有一厘米左右的宽松度为好。

什么样的衬衫样式适合你？

衬衫的面料以前大多是白府绸，我们经常在影视作品中看到达官显贵穿着白府绸的衬衫。而现在的衬衫面料要丰富得多，有的确良、丝、纱以及各类化纤，样式也有立领、大翻领、小翻领等。一般来说，短袖衬衫以秃领和圆领的居多，长袖衬衫则以小翻领的为多。

敞角领——就是领子敞开得比较大，领子的角度在 120 ～ 180 度之间。

纽扣领——这种领型最常用，面料采用一般结构的纯棉织物或牛津纺，有一部分商务衬衫也采用纽扣领，目的是固定领带。如果你选择这类衬衫，建议与小结丝质领带相配合，以领带只绕一圈的小结为佳。

长尖领——顾名思义，长尖领衬衫就是领子比较尖的衬衫，这种领型的衬衫男性和女性都比较适用，既可以搭配西服外套，也可以做休闲服饰穿。

理论上，衬衫领子决定领带的宽窄。目前流行的衬衫领子，除了最正统普通的八字领，还有两领间稍微分开的温莎领，穿这种衬衫可以系上更宽的领带结。不过值得注意的是，这种尖细窄领较为适合身材高瘦者，对于身形开始发福的人士却未必适合。

你的体形该穿哪种衬衫？

每个人的高矮胖瘦都不一样，不同场合的礼仪要求也不尽相同，因此要根据自己的特征来选择适合的衬衫，这样才能穿得得体。比如脸长的人穿标准衬衫，倒三角形脸的人穿小圆领的衬衫可以调和面部棱角，蛋形脸的人适合穿各种领型的衬衫。提醒大家注意的是，圆形脸的人最好不要穿圆形或者荷叶领的衬衫，方形脸的人切忌穿立领衬衫，那样会使得脸部轮廓更加明显。衬衫与脸形互补才能显得协调，如果衬衫领子与脸形一致，只能凸显缺点，让圆脸更圆、方脸更方。

衬衫还需要搭配你的体形，如果你虎背熊腰，那么过于明显的条纹、格子图案就不适合你；如果你是较普通的体形，挺度与厚度较高的衬衫会更适合你；如果你是下盘稳重或是长脚高个儿的类型，条纹、格子衬衫跟你很配；如果你是矮胖的人，素色是你唯一的选择。

便装：随意，但不能随便

商务社交场合之外，几乎每个人都喜欢穿便装，原因很简单，穿便装既随意又舒适。有人上班也穿便装，理由是上班也不会天天开会谈判，的确如此。有些公司也不要求员工必须着正装上班，平时大家都可以穿便装上班，目的是营造一个相对自由的工作环境，另外也可以传递给顾客一种亲切感。但是，即使是便装，也不等于想怎么穿就怎么穿，必要的礼仪规范还是要遵从的。

叶明磊是一家大型企业的经理，他平时是一个非常注重礼仪细节的人。那天去洽谈生意的时候，他恰好刚出差回来，没来得及换衣服就去赴约，结果就因为他的着装给客户留下了不好的印象，最后那个单子没有谈成。

小刘是一个喜欢交际的年轻人，工作之余他喜欢参加各种聚会。周五一下班，他便被一个电话叫了过去，那是一个喜欢远足的朋友的聚会。大家的穿着都很随意，只有小刘一个人西装革履地坐在那里，结果很多人都不愿意接近他。

叶明磊因为便装缺少稳重和严肃而丢了单子，小刘因为正装不够随意而失去了朋友，这都是因着装而引发的问题。在合适的场合穿合适的衣服是每一个人都要认真对待的事情。便装是相对于正式场合所穿的西装、礼服而言的。对男士来说，便装主要有夹克衫、太空衫、牛仔裤、T恤衫、运动装等。选择穿便装的时候，必须认真考虑适用场合以及搭配是否正确，等。

便装在什么时候穿？当然是放松身心之时，比如居家、度假、健身、观光、逛街、购物等，这都是工作之余的个人活动空间。如果你看到一群人都穿着夹克衫、背带裤，那么毋庸置疑，这是某个单位的工作制服了。这是穿便装要符合的第一个要求：遵守公司规章制度。如果公司要求着正装上班，那就别穿便装了。穿便装要符合的第二个要求是：随意，但不能随便。

不管怎么穿，至少得遵循美观大方的标准，不能太随便，更不能不懂技巧，将自己的身体缺陷暴露出来。那样不但不尊重别人，也会给人留下一个不懂礼仪的糟糕印象。

有一次，朋友给我介绍一个帅哥。此人名牌大学毕业，据说人很机灵、很活泼，朋友的一系列言辞大大勾起了我想要认识他的欲望。可我看到他的第一眼，就对他失去了兴趣。只见他穿了一身乞丐服，浑身上下满是破洞，头发也染成了金黄色。

我们还应该注意，不能让自己穿的多件便装风格上相差太大。例如，上身穿运动衫，下身配睡裤，这样必然会引来众多好奇的目光。另外，每个人的身材不同，选择便装要力求和自己的身材相协调，扬长避短，比如腿部不好看的人就不适合穿短裤。对便装进行组合搭配时要注意搭配的惯例，比如，穿牛仔裤时最好配运动鞋，而不要穿布鞋或凉鞋；穿夹克衫时，通常不要配西装短裤；穿短袖、T 恤衫时，不要再在里面穿衬衣。此外，还要遵循以下几个原则。

不杂乱。无论穿哪一类的便装，都要协调统一。要么穿一身运动装，要么穿夹克衫牛仔裤，不能里面穿一件花衬衫，外面穿一件很潮的韩版西装，腿上再穿一条很破的牛仔裤，脚上再套一双颜色比较杂乱的鞋子。过分杂乱会给人肤浅的印象。

不暴露。胸部、腹部、腋下、大腿是公认的不准外露的四大禁区。有人认为，反正是非正式场合，偶尔展示一下男人的肌体魅力是一件非常荣耀的事情，其实不然。当你的对面坐着一个男人，你们两人相谈甚欢时，他却裤腿一撩，露出一条“飞毛腿”，无论如何都是一件大煞风景的事。同样的道理，袒露胸毛、大腹便便都是非常不雅的行为，日常生活中一定要注意避免。

不透薄。男士的衣服，特别是年轻人的衣服，近年来也出现过分透薄的现象，比如一件薄如蝉翼的衬衫，穿上后身上的痣都能清晰可见，一不小心就会“露点”。当你混迹职场时，这样一身打扮很可能会断送你的前途。

不短小。我见过一个身高一米八的小伙子，在他朝我走来的时候，给我的视觉印象就像是一根竹竿挑着两件衣服向我缓缓地移动。我们说穿衣要协调，胖有胖的穿法，瘦有瘦的打扮，穿衣服过分短小会给人一种非常不协调的感觉。

不艳丽。如今的服装设计师也讲究人性化设计，喜欢体现随意和大胆的风格，满足各种人群的需要。于是我们常常可以在大街上遇到这样一幕：你无法判断眼前穿得花里胡哨的是大姑娘还是小伙子。你必须走到面前仔细端详才能确定，原来是一位皮肤白皙的小伙子穿了一件碎花衬衫。艳丽可以提升人的视觉效果，但过分艳丽就会失去男人的阳刚之气，同时也难以体现出男人成熟稳重的魅力。

鞋袜：细节透露品位

通过什么能够看出一个男人的身份、职业、性格、阅历以及爱好？

答案是鞋子！

人们常说“闻香识女人”，指的是女人身上的味道能体现出她的品位和修养。同样，对于男人来说，体现品位的东西便是鞋子。当然，西方人认为金笔、手表和打火机是男人的三大配件，国内也把手机和汽车看作男人身份的象征。但那些容易令人忽视的东西，更能看清一个男人的本性。

先来看看正确穿皮鞋的基本要求——四无：

无味。皮鞋要勤换、勤晾，免得味道过重。

无尘。皮鞋必须经常上油上光，反复擦拭。

无泥。擦皮鞋时，切勿忘记清理鞋底。雨天还要在进门前再次检查鞋底，并采取适当的措施将脏物清除。

无差异。一是指尺码没有差异，符合脚的大小，另外一点就是鞋垫要和鞋子的大小相适应。

作为一名职场人士，如果能够做到上述几点，至少可以保证你不会在正式场合出丑，但要成为一个符合礼仪规范的精英人士，还需要注意几个细则：

从质地来说，能搭配正装的只有皮鞋。无论布鞋、球鞋、旅游鞋、凉鞋或者拖鞋多么舒适，都是不能登大雅之堂的。与西装相搭配的应当是真牛皮制品而非仿制的皮鞋，羊皮鞋或者猪皮鞋都不太合适，至于鳄鱼皮、鸵鸟皮、蟒蛇皮等制作的皮鞋，穿出去顶多可以炫耀一下，也不能搭配正装。

从色彩上来说，与西装配套的皮鞋应该为深色、单色。人们通常认为与西装套装配套的皮鞋只有黑色一种，连棕色皮鞋都不在考虑范围内。

从款式上来说，与西装配套的皮鞋理当庄重而正统。根据这一要求，系鞋带的皮鞋是最佳选择，无带皮鞋，比如船形皮鞋、盖式皮鞋等次之。同时还要注意，在正式场合，男士穿厚底皮鞋、高跟皮鞋、坡跟皮鞋或者高帮皮鞋都会显得不伦不类，应该尽量避免。

这里有一个真实的故事。国内一家知名企业的老总到国外宣传推广自己的企业，听众都是国际著名的投资公司的管理人员，场面可谓非常正式。该老总的宣讲很有力度，就在人们为其动心的时候，不少人发现，台上老总的裤脚下露出了一道棉毛裤的边。更糟糕的是，老总的黑皮鞋里露出了一双白袜子。这样的穿着在商务场合绝对不当。人们开始产生怀疑：这样一个不修边幅的老总能管好他的企业吗？他们生产的产品品质又有多大保障？

的确，穿什么袜子对于男人也是一个细节的考验。就像穿皮鞋有那么多“明文规定”一样，穿袜子也大有讲究。在穿袜子时，必须遵守下列规则：

1. 干净。袜子至少要做到一天一换，避免你脱鞋的时候，脚臭味熏走所有的人。

2. 完整。如果你的袜子有一个破洞，请你尽快丢掉它，不要抱有侥幸心理：反正我又不脱鞋子，没人会发现这个秘密。也许在料理包厢内，你的这个秘密会吓到在场的每一个人。

3. 要成双。现在年轻人赶潮流，喜欢穿两只颜色不一样的鞋子和袜子。当然，一个人在家穿着不一样的袜子无妨，但是上班或者出席商务场合时，最好还是换成颜色一致并且整洁完整的袜子。

4. 合脚。袜子的大小一定要合脚。袜子太短，不但易破，而且容易从脚上滑下去。袜子的长度以不低于自己的踝骨为好。

除了上述基本要求，日常生活中还要注意纠正几个常见的错误。

错误一：颜色搭配混乱。按照国际惯例，男袜分为两大类——深色的西装袜和浅色的纯棉休闲袜，因此白色的棉袜只能配休闲服和便鞋。深色的袜子代表庄重和正规，适宜搭配正装。这不仅是对对方的尊重，同时也显示出你的内涵和修养。在正式场合，深色正装绝对不能配浅色袜子，否则你会被认为肤浅无知。

错误二：袜子的长度不合适。确保袜子长度合适的最简单的办法是，你坐下之后，跷起二郎腿，别人不会看到你的小腿。

这里有一组有趣的数据：如果你穿着黑皮鞋、白袜子出现在谈判席上，此次谈判的不成功率应该是百分之百；如果你穿着黑皮鞋、白袜子出现在相亲场合，失败率高达百分之四百；如果你穿着黑皮鞋、白袜子出现在时尚酒会上——我很担心，黑鞋子、白袜子是否真的有机会出现，因为，如果遇上一个眼光不仅势利并且犀利的门童，你很可能会被拒之门外！

总而言之，整洁且质地考究的黑色皮鞋加上深色袜子绝对可以给你的整体形象加分。细节决定成败，千万别在细节上输掉形象！

你属于什么色调

这是非常有意思的一节。这里不再讲什么衣服配什么颜色，而是告诉你人体和颜色之间的密码。掌握了这个密码，你对于自己应如何着装就了然于心了。

可能很多人对人体色调的概念有点陌生，没有关系，你一定对自己的身体特征熟悉，比如你的头发是乌黑还是浅黄，你的眉毛是粗还是细，你的皮肤是白皙还是小麦色。好了，现在就向大家揭开人体色调的神秘面纱！

男性的色调可以大致分为六种类型，先记住这六种色调，它们分别是：浅色调、深色调、暖色调、冷色调、净色调和柔色调。一个人的颜色不会恒定不变，而是随着岁月的更迭、年龄的增长而不断发生变化。比如，有的人小时候又白又胖，长大了变得又黑又瘦，这都是再正常不过的现象。

那么怎么确定自己的色调呢？对照下面每一个色调的特征，你就可以得出结论，并根据色调选择适合自己的服装。

浅色调男人的特征：

头发很少，或者有一头浓密的浅色头发；

眉毛、胡子颜色都很淡；

皮肤白皙而细腻；

眼睛浅蓝或者淡灰色。

如果你发现上面的特征都和你吻合的话，那么你必定是浅色调的男人。需要注意的是，如果你需要穿正装，应该避免穿太深颜色的衣服，灰色或者较浅的藏青色是你的首选，靠近脸的服饰颜色应该总是浅色调的。在搭配衬衫和领带时，也应尽可能挑选偏浅的颜色。穿便装你当然占优势，中国有句话叫“一白遮千丑”，白是你的优势，你可以随意穿任何一种颜色的服装。如果你的脸上雀斑较多的话，建议选择暖色调的衬衫，比如粉红色，但不是珠光粉色。最后一个细节就是：你的腰带的颜色一定要和鞋子或者裤子的色调保持一致。

深色调男人的特征

有一头令人羡慕的乌黑浓密的头发；

符合性感的所有特征，尤其是脸上有较深的胡须；

肤色也许会是古铜色、小麦色、黝黑；

有一双深邃的眸子。

如果你符合以上特征，无疑你是一个令人着迷的男人，因为你的外表会给人一种强壮、硬朗的感觉。当然，这个特征也应在你的着装上体现。一身深色或深浅搭配的穿着，比如炭色，会让你看起来很精干，不过靠近脸部的服饰要避免单一的浅色调。假如你想穿浅色衬衫，就要选用深色的领带、外套或 T 恤来平衡你自身的色调，裤子就坚持选灰褐色和浅橄榄色的。至于便装，如果你只是想穿某种单色，那就挑种深色或者亮色，千万别穿浅色调的便装，因为那样会让你的肤色看起来更加暗沉。

暖色调男人的特征：

有一头姜褐色或赤褐色的头发；

有姜色的胡须或者眉毛；

白皙而带雀斑的皮肤；

蓝色或褐色的眼睛。

无论你是哪个国度、哪个种族的人，暖色调的男人都会令人感觉很亲切，你的衣服也要尽可能地增强你的亲和力。因此，你适合选择黄色是底色的衣服。当然，你也可以在亮色调与暗色调的色彩里边任意选择，也许暗色调的装束会让你感觉更舒服一点儿。你的便装组合里不妨加入些琥珀色或红色系的颜色。休闲装的配饰最好是棕色或茶色。如果能搭配一副金色眼镜框，会让你看起来更酷一些。

冷色调男人的特征：

花白色头发；

有黑色或者白色的汗毛；

红色调或者略显深色调的皮肤；

蓝色或灰色的眼睛。

人体色调基本是伴随着人的年龄增长而发生变化的，不过，你是男人，你不必像女人那样担心随着年龄的增长，你的皱纹多了、皮肤松弛了、头发花白了。即使你已经 40 多岁，也依然可以富有青春活力。藏青色和蓝色的衣服会让你看上去非常不错，而粉色系和淡紫色系的衣服则会使你显得更年轻。简单起见，商务活动中，你只需要选择冷色调的服饰就可以应付一切了，同时避免任何偏黄的色彩。

净色调男人的特征：

深色的头发；

深色的眉毛和眼睫毛；

白皙的皮肤，可能有点雀斑，或者深色皮肤而肤色纯净；

明亮、较浅色的眼睛。

通常来讲，深色的头发、明亮的眼睛、白皙的皮肤是不搭调的，但它们却喜剧性地全部出现在了你的身上。拥有这般引人注目的容貌无疑是你的一笔财富，所有颜色对比鲜明的着装对你而言都再好不过，你可以放心大胆地混搭各种深色与浅色的衣服。不过，要是碰到蜡白色和灰褐色这样的泥类颜色，最好是与比较鲜亮的颜色搭配。外套和裤子颜色越深，衬衫的颜色就应该越浅越亮。领带的颜色，则应该和衬衫相互映衬或者互补。

柔色调男人的特征：

金黄色或者褐色的头发；

金黄色或者褐色的眉毛和眼睫毛；

橄榄色的皮肤；

灰色或褐色的眼睛。

这种男人看起来柔柔的，给人很舒服的感觉。拥有这样外形的男人应该是商务活动中的佼佼者了，因为你可以很容易地收获好人缘。如果你的服装得体而又不跑调的话，我想你也许会一直幸运下去。你应该选择颜色柔和的衣服，色调既不太深也不太浅。原白色衬衫肯定比纯白色衬衫更适合你。总体来说，无论什么颜色的衣服，你穿上去都不会显得太出格。

每一种色调代表着不同的年龄阶段和不同的外部特征，顺应搭配法则，你就可以穿得得体优雅，在社交场合迅速聚集人气！

你知道自己的体形密码吗

不得不说，只有少数人才拥有傲人的身材，就算是男模，也是日积月累才修炼出来的。那么，对于普通人来说，怎样穿衣才能穿出体面和品位呢？

你得注意自己的体形。你是胖还是瘦、是高还是矮，身体比例是匀称还是不匀称？了解了自己的体形之后，在服装的处理上才能扬长避短。

如果你太矮，可以提醒自己把衬衫或 T 恤扎进裤子里，另外别穿长度超过臀部的上衣或外套。如果穿正装的话，可以选择斜细条纹领带，让身材看起来高一些。

如果你太高，建议你把衬衫或者 T 恤拉到裤子外面来，可以让你显得不那么高，并且尽可能地挑选颜色浅及柔和的色调。

如果你太胖，可以选择简单而沉稳的色彩，较深颜色的衣服都具有收缩身材的视觉效果。

如果你太瘦，少穿黑色，避免穿直条纹的衬衫，否则会让你看起来更瘦。一些大方格的印花图案的衣服以及宽大一点的长裤会增加身体的重量感。

上述四种体形是就全身而言，但有的人在身体的某个部位也有明显的特征，这里也略作介绍，以帮助各位得体穿衣，完美修饰自己。

脸大脖子粗者应尽可能地选择一些敞领衣服，让脖子露出来。那些紧领子的衣服最好不要穿上身，因为那样会让你的脖子埋没在衣服里，显得不精神。

臀突者可以穿一些比较长的衣服，或者穿风衣、大衣盖住臀部。对于圆背的体形，最好选择质地较粗的织物。

总而言之，选择服饰时一定要考虑搭配方式与体形的关系。这样不但能充分张扬个性，也能使衣服衬托出一个人的气度和魅力。

女 士 篇

不修边幅的人难以赢得好感

俗话说“人靠衣服马靠鞍”，服装就是一种无声的语言。人生活在文化符号中，如果你愿意去深想和阐释，一切东西都有意义。僧侣们为什么要穿袈裟？因为袈裟不仅突出了他们的信仰，还作为一种职业标志鼓励社会的监督，同时穿袈裟也是僧侣每日每时对自己宗教身份的一种提醒。广而言之，三百六十行，能数得出名来的行当几乎都有自己专门的行头，各行各业的从业者穿什么样的衣服都有讲究。

衣食住行，衣是第一。对于女人更是如此。社会对于女人的挑剔远甚于男人，一个男人可以邋遢，但绝对不允许一个女人邋遢。所幸，我们有了服装业、化妆品业、美容业等，可以将每个女人都打扮得如花似玉、国色天香。

但是，我们的周围还存在着一些不修边幅的人，她们忽略甚至完全不在乎自己的外表，常常不修饰自己，穿着质量一般、没有风格和品位的服装就走进了办公室。不得不承认，在我们的生活中，很少有人告诉我们一个女人在各种场合下应该如何着装，更没有人告诉我们着装不当的恶劣后果，同时很多人的意识中没有这样的概念：引人注目的、高质量的、有品位的外表会让你赢得尊重。事实上，女人的着装反映了她的能力，出色的外表对女人的事业起着重要的作用。

许多人见惯了这样的例子：一个女人不对自己的外表做任何努力，结果是她为自己的事业付出了沉重的代价！还有很多女人根据自己的着装习惯，仅仅考虑到实用和舒适，选择了自认为得体的服装，实际上令人啼笑皆非。更令人遗憾的是，当一个女人穿衣不当、不修边幅时，很少会有人直率、真诚地告诉她，因此很多兢兢业业的女人根本不知道自己的事业长期停滞不前的原因。

看看下面的情况：

着装跟年龄和气质不配。比如，50 岁的女人还穿得像 18 岁少女一样，朝鲜族风格的小连衣裙，胸部收紧，裙长刚刚及膝，看上去就像老妖精一样。

在办公室里穿得过于暴露。比如，领口敞得太低，稍稍动一动就能让人看见乳沟；上衣太短，一弯腰就露出半截腰，有的连底裤都露出来了，甚至露出来的还是很旧很破的底裤。

搭配不当。比如，穿运动裤搭配尖头皮鞋，牛仔裤搭配正装皮鞋，真是土到极点！再比如，太胖的人穿紧身衣，勒得活脱儿一个肉粽子。

即便动物纹真的非常流行，也实在没有必要让自己看起来就像一只逃窜的美洲狮。或许你希望自己看起来性感又狂野，但其实全身只要有一件动物纹的单品就足够了，不用穿着豹纹大衣还要搭配豹纹的鞋子、短裙，甚至连手机壳都不放过。如果真的是这样的打扮，那的确什么品位都没有了。

郑重建议大家，请不要让这样的服装削弱你的可信度和权威，不要盲目地追求时尚。如果时尚与权威和可信度相冲突，请选择保守的、能带来权威和可信度的服装。

一般来说，一个女人不修边幅大抵有几个方面的原因：

其一，结婚成家后，“保险箱”的心理作祟，认为“革命”到头了，可以马放南山了，所以衣着随便，不注意修饰。其二，懈怠心理作祟。认为事业应该是男人的事，女人只要做好陪衬就可以，不必严格要求自己。其三，但凡不修边幅的女人都是对自己不负责任的女人，不但对婚姻家庭不负责任，同时也对自己的职业和人生不负责任。尽管丈夫嘴上不说，周围的同事朋友不说，可大家心里都明白，你的不修边幅正是你日后危险的根源！

俗话说，爱美之心人皆有之。女人爱美是天性，得体的装扮不但是对他人的尊重，也是对自己的尊重。每天花十分钟修饰自己的着装和容貌，会对你的形象产生巨大的效果，使你随时赢得别人的赞扬，这样做不但展示了女性的美丽，也会悄悄地增强你的权威。不信，请你试试看！

发型：女人的一面旗帜

设计师认为，女人可以没有华服，但是绝对不能没有满意的发型。发型就是我们脸部的相框，能对我们的形象起到直观的表现作用。因此，有人说头发是女人的一面旗帜。女人不仅需要用这面旗帜来表达自己的个性，还可以用这面旗帜来表达内心的情绪。聪明人能从女人的头发看出女人的品位，揣测出女人的心情。女人就是这样，快乐或忧伤、幸福或痛苦，都免不了要在头发上做足文章。

礼仪对女人的发型要求为美观大方，需要特别注意的一点是，在选择发卡、发带的时候，它的式样同样要庄重大方。在商业场合，切忌发型过于新潮、头发乱如杂草。不管选择何种发型，职场中一般都不允许在头发上滥用装饰之物，比如发胶、发膏，在使用发卡、发绳、发带、发箍时，应该朴实无华，最好不要佩戴彩色、艳色或者带有卡通、动物、花卉图案的发饰。

生活中我们可以发现有些女性的发型很合适，有些女性的发型很不适宜，有些女性甚至不顾及发型是否与自己的脸型匹配，感觉什么流行就做什么发型。发型是一门学问。为什么不同的人在设计师的手下会出现不同的发型？那是因为设计师需要结合你的脸部轮廓以及年龄气质等设计出一款适合你的发型，而不是一味地跟潮流。因此，在这里很有必要了解发型和脸形的匹配原则。

首先我们简单了解一下女性的几款主要发型，以及它们体现出来的气质。

短发

以前女性留短发会被人看成“男人婆”，现在人们对短发有了不同的定义，人们会评价一位短发女性优雅而干练。短发也有不同的款式，如果头发的长度刚好到脸庞，头发包围着脸部，可以达到完美修饰脸形的效果。中分的短发可以营造出成熟、冷静的感觉，是职场女性的完美选择。把头发简单地别在耳后，刘海斜着梳，不要太厚重，这是百搭发型。还有一种是让短发微卷，并将中分的刘海弯曲而自然地顺到两颊前，将脸型修饰得尖尖的，这种发型能体现出时尚的高贵气质。

束发

如果你有一头长发，可以高高地束起来，这样既增加了动感，又显得优雅别致。你还可以在扎头发之前用卷发棒把头发卷成大波浪，然后用手自然顺直，扎低马尾，在后脑的位置随意拽出蓬松的样子。

中长发

一款方便打理的、有型的中长发，更能增添女性魅力。齐刘海向来都非常有亲和力，也给人年轻的感觉。穿职场衬衣时，披肩的直发搭配齐刘海，既能展现你的温柔体贴，也不失严谨感。

及肩的中长发，虽然没有长发的变换多样，但把发尾向外或向内微微翻卷，也能给人特别自然而清新的感觉。这样不仅能修饰脸型，也能达到减肥的视觉效果，对宽肩者而言可以有效地调整身材。

盘发

头发少或中等长度的女性，如果既想优雅又想显得更年轻，可以选择盘发。用编辫子的方式收拢两侧面颊的碎发，使发型看上去更加利落、精致，同时达到视觉上增加发量的效果。如果有少数短发容易散落，就用发卡来固定。

似乎每一款发型都很美，似乎每一种韵味你都想尝试，可是我得告诉你，发型不是甜点，可以想试就试的。选择哪种发型取决于你的脸部轮廓、身高、气质以及你的社会角色等因素。当然最主要的参考标准还是你的脸形，这里就为你提供不同脸形的发型搭配参考，以便你能选择一款适合自己的发型。

标准脸

特征：脸部整体宽度适中，从额头、面颊到下巴线条修长秀气，脸形如鸭蛋。

好福气的你也许还不知道这种脸形可是长久以来都被艺术家视为最理想的脸形，所以无论什么发型，你都可以尝试！如果你个性干练，可以将秀发剪短，打造帅气的中性短发，让你的完美脸形尽显无遗。如果你的性格温和，可以留一头乌黑的长发，完美脸型在各式发型中实现百变突破。

圆形脸

特征：从正面看，脸短且圆，颧骨不明显，外轮廓从整体上看接近于圆形。

有这样脸形的你给人可爱、活泼的印象，并且娃娃脸的你看上去会比实际年纪显小。圆形脸比较适合头顶蓬松而脸部两侧头发较长的发型，因为脸旁较长的头发有助于使脸部看起来修长，而头顶蓬松的头发也会加长脸部的线条，使脸看起来不会那么短和圆。

梨形脸

特征：腮部、下巴比颧部还宽，整体脸形成梨形。

梨形脸的你比较适合烫发，头发上部要蓬松，下部要收缩，以掩饰腮部宽、额头窄的缺陷，这样不仅能用秀发遮挡腮部，还可以营造出瘦削的感觉。

长形脸

特征：脸形比较长，横向距离小，脸部轮廓为长方形。

如果你的脸形偏长的话，可以留厚厚的齐刘海，这样就可以掩盖脸形太长的缺点。脸形过于瘦窄的问题，可以靠两侧头发的卷度来改善，两侧的头发从太阳穴的位置开始就要有蓬松的感觉，这样调整后长形脸就变成瓜子脸了。

菱形脸

特征：面部较为清瘦，颧骨突出，前额与下巴较尖窄。

在做发型时，你可将靠近颧骨的头发做成前倾波浪，以掩盖颧骨，避免露出脑门，并将下巴部分的头发吹得蓬松一些。扎马尾或者高盘发都是不适合你的发型。

方形脸

特征：脸形棱角分明，尤其是腮部骨骼平直有力，额角发际线后退，与腮部形成方形。

你可以将前额的头发斜斜地盖下来，遮掉一角额头。不过要注意，如果你的头发比较柔软，就尽量不要让头发贴着头皮，因为那样你的视觉印象会更像方形。对于一个女性而言，这样的发型设计自然是失败的。

最后还想提醒大家，如果你的肩膀比较宽厚，最好不要留短发，柔顺的长发可以帮你遮挡这一瑕疵。如果你的臀部过大，那就最好不要把头发削得很薄。如果你的头偏扁，就尽量让发型显得蓬松一些。如果你的脸比较宽，卷发的时候千万别从脸颊开始，那样塑造出来的大饼脸会更不好看。还有，如果你的身材有些矮，头发就不能太长，因为一个人头发的长度是应该和身高成正比的。个子高、头发短会显得你更高，个子低、头发长会显得你更矮。这些都是做发型的常识，千万要谨记哦！

想要魅力四射是需要花心思的，不要总是墨守成规，更不能潦草应付，否则你将和美丽擦肩而过！当然，完美的发型要和脸型相匹配。而完美发型的基础是发质，若是出现毛糙、干枯等问题，即使发型再好，也会大大减分！因此，发型对于女人来说是一项细致的工程，如果你能够精心呵护，正确选择，绝对可以成为一名游刃有余的职场俏佳人！

首饰：身份的无言象征

如果经济条件允许的话，一位爱美爱俏、追求生活品质的女人，若没有几件像模像样的首饰，无论如何都是说不过去的。首饰作为女性的心爱之物，不但是时尚的一种重要标志，而且还是热爱生活、充满活力的完美体现。就像任何漂亮的道具一样，精美的首饰让女性光芒四射，但如何正确佩戴首饰并不是每一个女性都了如指掌的。

我见过一位做生意的女经理，她可谓珠光宝气，十根纤纤玉指上竟然套了六枚闪闪发光的金戒指！这还没完，她白皙曼妙的脖子上，竟然挂着一根很粗的金项链！这些首饰堆积在一个人身上，显得庸俗、不伦不类。一位心性高洁和追求生活品质的女性，应该让光彩照人的首饰为自己的美丽加分，而不是让它们成为累赘，使自己成为首饰的奴隶。

首饰的基本作用就是装饰，但如果这种装饰给自己和别人带来不快的话，美丽就无从谈起了。也许你一直不知道自己何时给别人留下了坏印象，从此刻起，你就要留意自己是否遵守了各种饰品的佩戴规范。

一提起首饰，人们马上就会想到戒指、项链、耳环，礼仪所指的首饰实则包括各种发饰、耳饰、颈饰、手饰、足饰等。为了恰当地选择与佩戴首饰，人们必须考虑自己的性别、年龄、容貌、发型、装扮、职业、所处场合等众多因素。这里特别针对职场女性具体讲一讲首饰的佩戴原则。

职业女性配饰限制较多，但在遵守一定原则之外，其实也可以花一点心思，巧妙选择适合自己气质和风格的珠宝首饰，塑造自己的形象，在不同场合彰显魅力。比如，在正式隆重的场合，为了突破职业装色彩的单一性，你可以在胸前和发际以及项链上搭配一些色彩生动的有色宝石，这样就会在职业装的庄重严肃之外，透射出女性的生机和美丽。

除了一些点缀技巧外，项链和胸针也是职场女性必不可少的首饰。在西服套装的领子边上别一枚曲线型的胸针，可以在套装的庄重之中添加几丝活跃的动感。项链由于长短、材质、色彩以及设计风格的不同，同样能增加套装的动感和韵律美。

首饰的佩戴方法是很有讲究的，我们逐一来告诉大家：

数量规则

女性在佩戴首饰时往往有个误区，恨不得把漂亮的首饰都戴上，于是头发上有发卡，耳朵上有耳环，脖子上有项链，手上有手链，乍一看给人眼花缭乱的感觉。这样佩戴无疑是失败的。戴首饰数量上的原则是以少为佳，必要时可以一件首饰也不戴。若需要同时佩戴多种首饰，上限一般为三，即所佩戴首饰在总量上不应当超过三种。除耳环、手镯外，最好不要佩戴同类首饰超过一件。新娘子可以例外。

色彩规则

力求同色是对佩戴首饰的颜色要求。如果你同时佩戴两件或者两件以上的首饰，这些首饰应该保持色彩一致。如果是镶嵌的首饰，主色调应该保持一致。千万不能各种色彩绚烂登场，将自己打扮得像棵圣诞树，如果你那样出席商务场合，那么从你个人到整个公司都会给人留下不好的印象。

质地规则

争取同质是对首饰质地的要求。假如你需要佩戴两种或两种以上的首饰，那么这些首饰在质地上最好也相同，比如都是银饰或者都是铂金，这样做的目的是使其总体上协调一致。另外注意，高档的珠宝首饰一般出现在隆重的社交场合，工作或者休闲时不必佩戴高档首饰，否则显得不协调。

外形规则

根据自己的外形选择首饰时要注意扬长避短。比如你的肤色黯黑，就尽量不要戴深色的首饰，那样会衬得皮肤更黑。身体的缺陷应该通过首饰来修饰改善，而不是更加彰显。

习俗规则

不同的地区、不同的民族，佩戴首饰的习惯多有不同，对此一是要了解，二是要尊重。戴首饰不讲习俗万万是行不通的，这在商务礼仪中也是比较重要的一点。尤其是职场女性，需要应对不同场合、不同人群时，就应该提前了解清楚当地的民风民俗，做到心中有数，避免犯下不该犯的错误。

最后，针对不同脸形的女性如何进行首饰搭配做一些介绍。

方脸

你可以选择长椭圆形、弦月形、新叶形、单片花瓣形等耳环，让它们丽影成双地在脸颊旁闪耀珠宝动人的光芒。方形脸的人最好不要佩戴方形的首饰或者三角形、五角形的首饰等。脖子较短的人，戴长度能达到锁骨以下的项链会好看。

圆脸

建议选择鞭形、水滴形等形状的耳环和坠子，它们能使你丰腴的脸部线条柔中带刚，更添几番英气；项链可以选择 V 字形项链，拉长脸部线条，展现温婉中的典雅。

清瘦者

因为你的体形显得单薄、瘦弱、脖子细长，故选择首饰的原则是中央浅淡而两侧大放光彩。你可以双耳佩戴垂饰面积稍大的荡环，腕部戴稍粗的手镯，便可使双耳、双臂和手引人注目，使你看上去不那么清瘦。

瓜子脸

适合佩戴下缘大于上缘的耳环与坠子，如水滴形、葫芦形以及边角不锐利的三角形等；任何戴起来能够产生圆效果的项链，都可以增加瓜子脸美人下巴的分量，使脸部线条看起来更加动人。

偏矮者

细长简洁的项链配上淡雅的珍珠挂坠使你显得优雅而迷人，至于耳环、戒指则应粗细得当，过粗令人觉得你矮胖，过细则又与其较粗的手指不相称。

相信遵照上述首饰佩戴规则，你一定会以庄重大方的形象出现在任何商务场合，并且赚足眼球。

套裙：应景着装，保持和谐

关于女式西装有一段有趣的来历。19世纪末，女性最先穿西装不是去上班，而是去骑马、打球或郊游。第二次世界大战后，女性裤装渐渐代替裙装，取得与传统服装一样的地位。20世纪50年代初，大批女性走出闺阁，西装套裙被作为职业女装中的经典样式固定下来。

一套在正式场合穿的西装套裙，应该由高档面料缝制，上衣和裙子要采用同一质地、同一色彩的素色面料。在造型上讲究为穿它的人扬长避短，所以提倡量体裁衣，做工讲究。上衣注重平整、挺括、贴身，较少使用饰物和花边进行点缀。裙子以窄裙为主，并且裙长要到膝或者过膝。色彩方面以冷色调为主，以体现人的典雅、端庄和稳重，藏青、炭黑、茶褐、土黄、紫红等稍冷一些的色彩都可以。正式场合穿的套裙讲究朴素而简洁，以方格为主体图案的套裙，可以使人静中有动，充满活力。西装套裙一般以圆点、条纹图案为主，而较少用花卉、宠物、人物等符号为主体的图案。套裙上不要添加过多的点缀，否则会显得杂乱而小气。

对职场女性来说，在各种正式活动中，穿套裙最为妥当。至于其他场合，上帝给了女人太多展示魅力的服饰，不必在放松的场合里还穿着套裙，因为这样不但会影响他人的情绪，还会使你和现场格格不入。

在一次国内组织的企业家考察团中，一位女企业家被人误认为是秘书。因为她虽然也穿着一身套装，可她的套装面料质地不够好，做工也不考究，款式又过于花哨，更糗的是脚上穿着一双露趾凉鞋，所以才发生了误会。

作为公司副总经理的林大勇去拜访一位事业上很有成就的女老板。他在办公室外面等候的时候，一想到她的名气和出色的业绩，就不禁感到有些紧张。当他被邀请到办公室，见到这位女老板的时候，他心里的紧张感立刻就没有了，而且还平添了几分自信。因为这位胖胖的女老板穿了一身超短的套裙，并且还穿了一条有蕾丝边的裤袜，林大勇对她的印象立刻就大打折扣。

由此可见，正确的着装对一位女性来说有多么重要，女企业家、女老板尚且如此，何况普通的女职员呢？根据正式场合对女性着装的要求，给大家几个建议：

一是大小适度，如果太长或者太短都会给你的形象减分。套裙上衣最短可以齐腰，裙子最长可以达到小腿中部，上衣的袖长要盖住手腕。衬裙的裙腰不能高于套裙的裙腰，不然就暴露在外了。要把衬衫下摆掖到衬裙裙腰和套裙裙腰之间，不能掖到衬裙裙腰内。

二是要穿得端端正正。上衣的领子要完全翻好，衣袋的盖子要拉出来盖住衣袋。衣扣一律系上，不允许扣子部分或全部解开，更不允许当着别人的面随便脱下上衣。

三是套裙和妆饰要协调。通常穿着打扮，讲究的是着装、化妆和配饰风格统一，相辅相成。穿套裙时，必须维护好个人的形象，所以不能不化妆，但也不能化浓妆。选配饰也要少，在工作岗位上，不佩戴任何首饰也是可以的。

四是兼顾举止。套裙最能体现女性柔美的曲线，这就要求女性举止优雅，注意个人的仪态。穿上套裙后，站要站得又稳又正，不可以双腿叉开，站得东倒西歪。就座以后，务必注意姿态，双腿不要分开过大，或者跷起一条腿来，抖动脚尖，更不可以脚尖挑鞋直晃，甚至当众脱下鞋来。走路时不能大步地奔跑，步子要轻而稳。拿自己够不着的东西，可以请他人帮忙，千万不要逞强，尤其是不要踮起脚、伸直胳膊费力地去够，或者俯身、探头去拿。

五是穿套裙的时候一定要穿衬裙。特别是穿丝、棉、麻等较薄的面料或浅色面料的套裙时，假如不穿衬裙，就很有可能使内衣“活灵活现”。你可以选择面料柔软的衬裙，颜色必须和外面套裙的色彩协调。

六是注意一下鞋、袜、裙之间的颜色是否协调。鞋、裙的色彩必须深于或同于袜子的色彩。如果一位女士在穿白色套裙、白色皮鞋时穿上一双黑袜子，就会给人留下长着一双“乌鸦腿”的感觉。不论是鞋子还是袜子，图案和装饰都不要过多。加了网眼、镂空、珠饰、吊带、链扣或印有时尚图案的鞋袜，只能给人肤浅的感觉。

除了根据不同的场合选择衣服外，女性穿套裙还应显示出个性。每位女性都有一种最能体现自己个性的做事的风格，那么在着装中应适度体现出来，因为衣服是你的第一张名片。

礼服：穿出独一无二的靓丽

在工作中，需要出席不同的场合，比如举办宴会、会见客户、参加活动等。不同的场合，对女性的衣着有不同的要求。在参加周年庆典、行业宴会时，因为一般都是采用酒会或舞会的形式，女性着装就应该正式一点，以着晚礼服为佳。晚礼服的款式可以根据个人喜好选择，但不宜太过暴露和花哨，以简单大方、素雅而不失精致为优。要想突显个人魅力，彰显青春优雅，就要选择一套适合自己的礼服。那么，什么样的礼服才是适合自己的呢?

礼服虽然华贵，但并不神秘，在礼服店以及很多晚宴上可以看到各种礼服，其最常见的种类有常礼服、小礼服、大礼服（晚礼服）。常礼服多为质地、色泽一致的上衣和裙子；小礼服多为过膝的单色连衣裙；大礼服通常为袒胸露背的拖地裙或长及脚面的单色连衣裙。现代社会交际活动多，我们应该了解一些女式礼服的基本常识，特别是晚礼服的着装要求。

晚礼服是女式礼服中档次最高、最具特色、充分展示个性的一种，它常与披肩、外套、斗篷之类的衣服相配，与华美的装饰手套等共同形成整体效果，适用于听音乐会、观看歌剧、参加好友婚礼、出席商务酒会以及参加正规晚宴等场合。不同的场合需要搭配不同的礼服，无论哪一款礼服，首先都要适合自己。适合的标准有以下几个：

体形与礼服

身材娇小玲珑者：适合中高腰、纱面、腰部打褶的礼服，以修饰身材。应尽量避免下身裙摆过于蓬松、肩袖设计过于夸张；上身可以多些变化，腰线建议用 V 字微低腰设计，以增加修长感。

身材修长者：天生的衣架子，任何款式的礼服皆可尝试，尤以包身下摆呈鱼尾状的礼服更能展现身姿。

身材丰腴者：适合直线条裁剪的礼服，穿起来较苗条。宜选用较薄的平面蕾丝，不可选高领款式；腰部、裙摆的设计应尽量避免繁复。

肤色与礼服

白皙型：可选择粉嫩色系的礼服，避免大红、黑色等太厚重的颜色，否则会显得不协调。

黝黑健康型：可选择亮色系，以衬托肤色。应避免选择粉色系的礼服，否则会被黝黑的肤色掩盖。

偏黄肤色：肤色偏黄会令人觉得气色较差，不妨选择中间色系的礼服。除非脸蛋姣好，一般应避免选择太复杂的礼服。

脸形与礼服

圆脸或颈部较短的人以落肩、低胸或 V 字领的款式为佳；方脸的人可试试“V”字或者桃心领样式，应避免四角领设计；倒三角脸与桃心领设计不搭配，可选择船形或大圆领款式；至于人见人爱的鸭蛋脸就幸运多了，没有什么特别限制。

配饰与礼服

再漂亮的礼服穿在身上，如果没有饰品的点缀，也会黯然失色。最常见的与礼服相配的饰品有珍珠、蓝宝石、祖母绿、钻石等高品质的配饰，也可选择人造宝石。这些饰品与礼服不是随意搭配的，而是根据礼服的特点来搭配，同时饰品还可以根据晚宴的主题而定。

鞋：搭配礼服的皮鞋大多是高跟细带的凉鞋或修饰性强、与礼服相宜的高跟鞋。

包：女士包有很多种，大的小的、软的硬的。与礼服搭配的坤包要求精巧雅致，多选用漆皮、软革、丝绒、金银丝混纺等材料，用镶嵌、绣、编等工艺结合制作而成，华丽、浪漫、精巧、雅观是晚礼服用包的共同特点。

尽管有了上面的建议，可面对五光十色的礼服，你还是会眼花缭乱。如何选择最适合你的那一款呢？是公主型、蓬裙型、贴身型还是王后型？是柔美的丝质软缎还是浪漫的蕾丝面料？你应该从哪儿着手选择，注意哪些问题呢？

穿好礼服是需要技巧的，而不是随意搭配，由着自己的性子来。一般而言，一件礼服只能在一次大场面中出现。如果这个条件太苛刻，那么至少不要在相邻的两次聚会中，让时时相逢的圈内人看到你穿同一套礼服。这里给大家提供一些让礼服出彩的方法。

黑色永不落伍

要打扮得入时出彩，当然最好是将服装的主题色与流行色结合起来。如果来不及挑选款式别致的礼服，那就买简单得不能再简单的款式——黑色、开领、无袖，简单含蓄，永远不会落伍。但是别忘记通过细节来修饰，比如精致的流苏刺绣披肩加高跟皮鞋可以表现出淑女风范，粉红色小山羊皮玫瑰手袋加珊瑚项链尽显浪漫。

中式服装最能讨巧

翠绿色的长马甲或者一袭旗袍，看似随意，却一定是派对或酒会中的新宠。只要搭配得体，穿上一身典雅的中式服装，你完全可以出入各种正规场合。当然了，中式服装要穿出味道来，还要各显神通，一些精巧的配饰可以彰显你独特的个性。穿得特别，符合自身气质，这才是最要紧的。

吊带丝质短裙

作为礼服，它最大限度地表现了一个人的清新、纯净和活力。款式要最简单的。面料色彩上，黑色显得高贵和神秘，绿色则突出气质中的宁静腼腆。需要注意的是，吊带裙及礼服短上装的吊带，越细越有晚装味，如果宽度超过 7 毫米，就显得不伦不类了。

吊带短装＋丝质直身长裤

虽然 90%以上的女装礼服以裙子的样式出现，但裤装的存在让礼服也变得多样起来。吊带短装可以取低胸式、露背式，面料以黑色、绿色、金银色为宜，直身长裤的颜色可以与短装相同，这样容易平衡。需要注意的是：一定要穿细高跟鞋。

最后要说的是，无论什么服装都以得体为前提，要符合场合要求，符合体形，符合你的身份和角色，在此基础上，你可以随意发挥。一件长的丝绸披风、一件绸缎的外套、一双黑色皮鞋、一个精致的时髦小包，加上各种闪亮的首饰，都会使你成为晚宴新宠，彰显你的优雅与华贵！

香水：潜移默化中，做个令人难忘的女人

要想升级为一个有格调、有品位的人，女人一定要优雅，男人一定要绅士！女人的优雅除了表现在穿着和修养方面，香水也是一个不可或缺的元素。香水是无形的装饰品，善用香水，就是掌握了一种征服的"软"力量。与有形的修饰不同，它更加迅速而有效地改变着一个人的形象，使得气质更加高雅、精神更加饱满。使用香水是文明之举，体现出一种价值观。

不过，不同的香水各有用途。不同社会地位的人，不同职业的人，往往选用与之相契合的不同品牌和香型的香水。在国际商务交往中，要数中东人用的香水最浓，欧洲人次之，北美人用的较淡，而中国人大多数没有体味，不习惯使用香味浓烈的香水。我们应选择适合自己的香水。

香水与性格

一位香水专家说："要学会选择香水，首先应了解你自己是哪种类型的顾客。"如果你是办公室女性，可以选择橙花、玫瑰花之类的香水，其香味少了份娇柔，多了份沉淀，女性的知性之美在你的身上绝对能够完美体现。

如果你是性感女神，那些能够激发男人最原始本能的香水再合适不过了，你可以选择混合了茉莉、玫瑰、檀香、香油树花等香味的香水，其香味馥郁甘甜，有种难以言语的纵深感。而这种香，只有懂得生活、有生活经历的女人才能淋漓尽致地发挥其魅力。

如果你是一位高贵自信的女人，可以选择紫罗兰并伴有淡淡的橙花和玫瑰香味的香水，在前调、中调和后调的香味中，你时而妩媚撩人，时而清新脱俗，时而充满活力。这正是致命的诱惑力。

如果你是一位甜美俏佳人，可以使用葡萄柚、香柠檬或橙子味的香水，辅以小苍兰、铃兰、荷花、菠萝、西瓜和石榴汁等混搭而成，有的还不忘添加檀香、琥珀和白麝香等性感香味，使你在乖顺中又增添了一份性感之美。

香水与场合

按香精含量和香气持续的时间，可将香水分为四种：浓香型（香精含量为 15% ~ 20%）、清香型（香精含量为 10% ~ 15%）、淡香型（香精含量为 5% ~ 10%）和微香型（香精含量为 5% 以下），它们的香气持续时间分别为 5 ~ 7 小时、5 小时、3 ~ 4 小时和 1 ~ 2 小时。按照一般常规，浓香型的香水适合在宴会、舞会、演出等晚间较为正式的活动场合使用；清香型的香水适用于商务交往场合，比如洽谈、会晤等；淡香型的香水适合工作场合；微香型的香水则适用于休闲场合，比如散步、旅游时。出席不同的场合，应该选择相对应的香水类型，在关键时刻，那一丝若隐若现的香味可以为你增添神秘的魅力。

香水与季节

香水是以芳香为主要特征的化妆品，其主要功能为溢香祛味、芬芳宜人。在不同的季节可以使用不同的香水，比如早春使用花香型，晚春使用果香型，更能给人以新鲜感。夏季以清淡型香水为主，香水宜少洒、勤洒，只要保持有淡淡的香气即可。秋季则各种香型的香水都适合，没有严格的限制。冬季选择香气浓郁一点儿的花香、动物香型的香水，会给人一种温暖、热烈的感觉。

雨天潮湿的空气会使香气更容易弥散，这时候选择一些淡雅的香水，可以给自己和周围的人带来安详的情绪。如果你是一位运动达人，最好选用无酒精香水或者运动型香水，否则的话，跑步或者逛街下来，汗水与香水的混搭会让人对你敬而远之。

香水与用法

香水只有挥发出来，才能彰显它的独特魅力，因此，如何涂抹香水也是必须了解的知识。一个女孩着急出去见客户，她从抽屉里拿出一瓶香水，往掌心里喷洒很多，然后朝头发上、胸襟上、小腿上抹，最后将残余的香水搓在手上，带着一身浓郁的香味离开。的确，香水发挥了它的作用，只是客户很可能从这一身呛人的香味中，判断出她是一个不懂香水的女人，那么对她的业务势必也会带来影响。

可可·香奈儿说过："不用香水的女人没有未来。"同样，不会用香水的女人也没有未来。一般而言，香水应洒在脉搏处，便于挥发。大部分人习惯将香水喷在耳后、颈部和手腕，这是对的，但香水不宜用在头发、衣物或身体汗腺部位。值得注意的是，不要反复摩擦香水，因为这样香味难以持久。

天冷的时候，你可以在熨烫衣服的时候加一点儿香味，办法是在熨衣板上铺一条薄手帕，在手帕上喷些香水，然后再把衣服搁在熨衣板上熨，这样余香会持续很久都不会消失。无论你走到哪里，香味都会萦绕着你，这无疑是最具个性的标签了。

香水能够赋予女人不同的味道与魅力，也许不经意间的一丝香气，就使你的魅力指数直线上升。前提是要分清场合，并选择适合自己的那一款香水，否则可能会适得其反！

形体有缺陷，修饰有技巧

女性要买一件好看又流行的衣裳固然不难，但是要从眼花缭乱的潮流服饰中选出适合自己身材、体形、个性的服装，既要穿得舒适愉快又要潮，更要看起来曲线玲珑，一点也不会暴露自己身材的缺点，就不是一件容易的事了。

人的身体是一个非常奇妙的组合，生活中我们发现几个同样身高的人站在一起，体形却各不相同，有的人头大一些，有的人上身长一些，有的人腿短一些，有的人虎背熊腰，有的人纤巧玲珑……理想的头身比例为头的长度占身高的八分之一，实际上符合这一要求的人仅仅占很少的一部分，大多数人都不能达到这个完美的比例，因此在衣着上就不能一概而论。根据自己的形体特点选择适合自己的服装，并且利用服饰巧妙地修饰形体的缺陷，才能成为一个优雅得体的女人。

沈秋月是一家公司的经理助理，因为工作的关系，她非常注重自己的穿着。可她有一个烦恼，那就是她的胸部过于丰满。如果穿职业装，势必将胸部衬托得鼓鼓囊囊，不但有失美观，还时不时会惹来男性异样的目光。很快她就对自己的服装进行了调整，她改穿背心式的长洋装，这样里面不但可以搭配不同颜色的上衣，而且能造成前胸的视觉分割，使得胸部看起来更顺畅；同时，极力修饰自己修长的美腿，选择深色调的长筒袜。这样搭配之后，无论她走到哪里，都会引来欣赏和赞美的目光，瞬间提升了自己的职场气质指数。

张明朗是客服经理，每天要跟形形色色的顾客打交道，除了能说会道外，她也不忘让自己的衣服替自己说话。用她自己的话来说，她长得哪儿都不对，比如大腿胖、小腿粗、有小肚子、臀部还宽，那些具有修身效果的紧身衣服她连试都不敢试。后来经高人指点，她开始关注时髦的宽长裙，这样不但可以对她的粗腿和小肚子加以修饰，还可以将臀部巧妙地隐藏起来。当她和客户沟通时，不但显得气质优雅，还体现出非凡的身份，用一句流行的话来形容就是：很有范儿!

陈菊英是一位中学教师，为人师表自然要格外注意穿衣。学校规定老师必须穿西装，可她又矮又胖，腰还比较粗，穿上西装整个成了一个滚筒，这身打扮背地里不知道引来同事和学生多少笑话。自从她升任教导主任后，第一件事情就是换衣服。她听从服装店店员的建议，给自己选择了伞状上衣，腰部以下有蓬松的下摆，恰到好处地遮挡了粗壮的腰部，并且使得她的个子显得不那么矮小。

可见，利用服装来遮盖形体缺陷的确是一门学问。着装的基本要求就是得体，得体的表现之一就是要符合自己的形体特点。知道自己上下半身的比例是首要前提。撇开所有复杂的公式不谈，自我检视的方法是弯曲手臂，看手肘和腰的位置——手肘能到腰算是中等比例，腰在上者属上短下长的比例，腰在下者则为上长下短。中国女性的身材以上长下短为多。

了解自己的身体比例之后，就要利用服装来进行调节。裙摆较宽的裙子应是臀部较宽女性的最佳选择，因为宽裙摆能将臀部曲线模糊掉，而窄裙使得曲线毕露，便不易发挥这种效果，因此宽裙比窄裙更具有修饰作用。另外，裙腰高度及皮带也能扮演调整腰线的角色。一个腿不够长的人，应避免选择过低的低腰裙，如要搭配皮带，颜色必须与裙子相同才对。此外还有一个方法，即利用所谓的视觉连贯性来达到延长身高的效果。女性的丝袜与鞋子应与下半身的衣着同色或至少相似，从上到下视线没有被截断，看起来最显修长。有时为了颜色的搭配，常有人选择与上衣同色的鞋子，这在服装配色上来说无可厚非，但如将身材比例也考虑在内，则身材上长下短的人还是应该避免那样穿，因为那样会人为地将身材划分为几截，缩短身高。

至于裤装，如果你的身材并不够理想，建议你还是不要轻易挑战，因为稍有不慎，一条裤子就可以使你“原形毕露”。首先裤子有拉长身高的作用。如果你身材匀称，穿一条宽窄适宜的裤子，无疑会给你的形象加分。一条长度超过脚底的小喇叭裤配上高跟鞋，会使你窈窕不已。一条中直筒的西装裤或牛仔裤，只要长度够长，踩上高跟鞋，效果也很不错。

需要补充的是，高跟鞋固然可以增加身高，调整服饰的效果，但在技巧上还要注意，鞋跟高度应该和身高成正比，更精确地说应是与腿的长度成正比。所以身材娇小或腿不够长的人，鞋跟高度应以 9 厘米为上限，再高则会造成鞋跟与小腿长度比例失衡，在姿态上也难免造成举步维艰的窘迫。因此，女性在利用高跟鞋来弥补身高或腿长不足的现象时，应有所节制。

第二章　举止礼仪：
在细节处展现品质

没什么都不能没教养

早在两千多年前，亚里士多德就曾描述过一个有教养的人应该是什么样子：“无论身处顺境、逆境，一个宽宏大量的人总是追求行事适度。他不期望人们的欢呼喝彩，也不允许别人对他嘲弄贬低；成功的时候不会得意忘形，遭受了失败也不愁眉苦脸。他不会去做无谓的冒险，不会随随便便谈论自己或者别人。他不在意别人的毁誉，也不会对人求全责备。”

一提到教养，人们总是不自觉地把它和礼貌联系起来。其实，礼貌只是教养的表现形式之一，懂礼貌的人不一定具备教养，而有教养的人通常都懂得遵守他所在环境中的礼节。就礼貌和教养的关系问题，我们可以这样理解：礼貌是外在的、表面的，是经过训练就可以做出来甚至伪装的；而教养是发自内心的，是由环境、教育、经历等综合形成的内在素质。说一个人有礼貌，讨人喜欢，但他的内在可能是自私虚伪的；但当说一个人有教养时，不仅说明他的外在行为有礼貌，而且还说明这个人的内涵、道德品质是好的。由此看来，礼貌似乎是教养的基础，是获得教养的量变的修炼过程。

有人曾说，看一个人有没有前途，从几件事上就可以看出来：一是吃饭，二是说话。

有一位职员去赴约，主人故意迟到，看他是不是一坐下来就先点菜而不等别人，看他酗不酗酒，上菜后吃饭拿筷子的姿势正不正确，是不是在菜里扒拉一阵后挑出自己最喜欢吃的，吃东西的时候是不是吧嗒嘴。

我到一个朋友的公司去办事，恰好遇到一位女职员接电话。她正在补妆，电话响了很久才接起来。只见她对着话筒不耐烦地问："谁？"然后说："等一下。"她扫视了一圈后没有发现对方要找的人，接着又说："人不在，回头再打吧。"

且不说这两位学历有多高、业务有多精，我至少可以得出结论：他们是没有教养的人，也是没有未来的人。细节之处见人品。如果赴约的男士能够耐心等主人到来，并且仔细询问对方是否对菜品忌口后再点菜，如果他能优雅地品菜、礼貌地喝酒、安静地进食，那他绝对不会因为几处小差错而失去机会。接电话的女职员也同样，说一个"请"字就那么难吗？就不能温婉地说"您是谁""请您等一下""请过一会儿再打过来"之美的话？如果这样的话，我想无论是她自己还是对方，都会感到舒服很多。

还记得我第一次到巴黎的时候，那里的一切给我留下了非常深的印象。第一个晚上我去见一位银行家。到了约定地点，一个女佣过来给我们开门。银行家彬彬有礼地脱下帽子，尊敬地称呼女仆为"女士"，还向她低头鞠躬。那一瞬间，我感到无比惭愧，因为整个过程我只是朝那位小姐微微笑了一下。

教养不是随心所欲，唯我独尊。它是善待他人，善待自己，认真地关注他人，真诚地倾听他人，真实地感受他人。尊重他人，就是尊重自己。真正的教养来源于一颗热爱自己、热爱他人的心灵，"己所不欲，勿施于人"便是对教养的最好诠释。

虽然宝石上了光之后更亮，但首先它必须是宝石。一个真正有教养的人必定会举止温文尔雅，谦逊知礼，不会轻易动怒，更不会主动挑衅。他从不恶意猜度别人，至于自己去作恶，更是想都没有想过的事情。他努力克制自己的欲望，提高自己的品位，出言谨慎，尊重他人。一个有教养的人，无论在单位还是在家庭里，都能令人感到阳光般的温暖，到哪里都会受到人们的欢迎，因为他带来的是光明、是欢乐。

从各个方面提高自己的修养，用心去领悟礼仪的力量，只有不断修炼，你的今天才能比昨天更有魅力，你的明天才能比今天更加辉煌。是否愿意把提升修养作为自己日常生活的重要内容，为此做出长期不懈的努力，将会对一个人的事业和人生产生无比重要的影响。

通过手势读懂内心

礼在心中，只有心中有礼，礼貌才会在你的动作中表现出来。在肢体语言中，手指的动作、手臂的动作无不表现着人们的心态和情绪。人们在交谈时往往以手势配合谈话，但手势是一种动态语言，只有运用恰当，才能正确表情达意。如表示招呼时，高抬手臂左右挥动；表示抱歉时，右手举起做行礼状。在手势语中，男性的动作力度大些，女性的动作则轻柔些，但都要注意幅度不宜太大，更不能发出什么声响，毕竟手势只不过是语言的辅助，而不是舞蹈演员的肢体语言。下面就几种常见的手势语用法及其本身的礼仪内涵给大家介绍一下。

指示方向

生活中有人在指示方向时伸出一根食指，“喏，在那儿”，这是非常不礼貌的。正确的手势语应该是五指并拢伸直，屈肘由身前向左斜前方抬起，抬到约与肩同高时，再向要指示的方向伸出前臂。身体保持立正，微向左倾。

指示商品

在商场我们需要买某件商品而询问营业员时，她们会面带微笑，然后伸出胳臂，抬起手告诉你前行然后左拐等。其动作姿势非常到位，看了之后感觉很舒服，这就是礼仪的效用。

“请”的姿势

去某个企业参观，带路的女士对我们说：“各位，这边请。”嘴上说着请，却没有任何的手势语言，给人感觉有点不搭调，态度也略显不够真诚。正确的“请”的姿势是：五指并拢伸直，掌心向下，手掌平面与地面呈 45 度角左右，腕关节要低于肘关节。做动作时，手从腹前抬起，至上腹处，然后以肘关节为轴向右摆动，摆到身体右侧稍前停住，同时身体和头部微由左向右倾斜，视线也随之移动；双脚并拢，或右脚略向前靠在左脚上成丁字步，左臂自然下垂。别忘了，一定要面带微笑哦。

与人握手

在见面、告别、慰问他人、表示感激、略表歉意等时候，往往会和他人握手。一是要注意先后顺序。握手时，双方伸出手来的标准的先后顺序应为“尊者在先”，即地位高者先伸手，地位低者后伸手。如果是服务人员，通常不要主动伸手与服务对象相握。和人握手时，一般握上3～5秒钟就行了。通常，应该用右手和人相握。左手不宜使用，双手相握也不常用。

每一个手势都代表着不同的意思，在社交中不但要学会正确使用手势语，还要通过别人的手势语读懂他的内心。比如，一个人双手自然摊开，表明他的心情很轻松，坦诚而无顾忌；如果他紧攥双拳，表明他怒不可遏或准备“决战到底”；当你看到一个人以手支头，表明他要么全神贯注，要么十分厌烦；当一个人听到某段论述时迅速用手捂在嘴前，表示他对此感到非常吃惊；当你看到你老板的手成八字形托住下巴，那是他在沉思的表现；你问到某人一件事情的时候，他的反应是用手挠后脑、抓耳垂，表明他有些羞涩或不知所措；在双方谈话中，如果对方手无目的地乱动，说明他很紧张，情绪难控；来人双手相搓，如果不是天冷，就是在表达一种期待；咬手指或指甲，表明一个人在心理上还很不成熟，涉世不深；你看到某人双手指尖相对，支于胸前或下巴，那是他自信的表现；如果你与某人说话时，他的双手插在口袋里，显示出他没把人放在眼里或对你不信任。请注意，社交中规范的手势要求：与人交谈时，手势不宜过多，动作不宜过大，速度快慢及时间的长短要根据场景来控制。千万不能手舞足蹈或者将手指关节扳得咔咔直响，这都是非常不礼貌的表现。

还需要注意的是，同一手势语在不同的国家和地区可能代表着不同的意思，因此在与外国人打交道时，要注意这种区别。下面是几个常用的手势语及其在几个主要国家的不同含义，可以简单了解一下。

伸出大拇指：在中国表示胜利、佩服、第一、首领等；在日本表示男人、父亲；在美国、荷兰、澳大利亚、新西兰等国家表示幸运；在印度、德国则表示想搭车。

拇指向下：一般表示品德不好、坏或不成功的意思。在英国和美国，拇指向下表示不同意；在法国表示某人死了；在印尼、缅甸等国家则表示失败。

伸出中指：表示挑衅、愤怒等含义。菲律宾表示愤怒、轻蔑；美国、法国和新加坡等表示下流；沙特阿拉伯则表示恶劣行为或极度不快。

向上伸食指：在中国表示数字 1 或请注意；美国表示请稍等片刻；法国是学生请求发言的表示；缅甸表示最重要；日本表示最优秀。

伸出小指：中国表示渺小，看不起；日本表示女人、小孩；韩国表示女朋友；缅甸、印度一带用来表示厕所；菲律宾则表示小人物。

食指弯曲：在中国表示数字 9；日本表示小偷；泰国、朝鲜表示钥匙；印尼表示心肠坏；墨西哥则用来表示金钱。

伸出中指压在食指上：在中国内地表示数字 10；菲律宾、马来西亚、新加坡、美国、法国、墨西哥等表示祈祷；荷兰表示发誓；斯里兰卡表示邪恶；在中国香港则表示关系密切。

用拇指和食指搭成圆圈：在中国表示数字 0；在日本、韩国、缅甸等均表示金钱；美国表示同意或成功；印尼则相反，表示不成功、傻瓜和无用的意思；在巴西则表示肛门。

此外，在许多地方，人们认为左手是不干净的，因此必须以右手为尊。不能用左手收受礼物、递接东西，不能用左手吃饭。在印度、泰国、印尼、阿拉伯国家和一些非洲国家都如此。

由此看来，手势语也是一种极其复杂的符号，要注意在社交场合正确使用，不能随意地做出一些不合礼仪的手势语，否则会给别人造成你蔑视对方、没有教养的印象。也许只因为一个不恰当的手势语，你就职场败北或者遭受惨重的损失，那可就损失大了。

微笑：拉近距离的最温柔的武器

2008年北京奥运会期间，志愿者的微笑作为北京最好的名片，给来自全世界的观众留下了深刻而美好的印象。奥运会开幕式上展现了2008张来自世界各地的儿童的笑脸，为世界送上了最美好的祝福。

微笑，是一种世界通用的语言，不同种族、不同地域、不同文化的人都能理解微笑的含义，不需要翻译就能架起沟通的桥梁。因为它是一种内心活动的自然流露，是人们对某种事物给予肯定的外在表现，是人们对他人的理解、关心和爱以及微笑者自身谦恭、友善、含蓄、自信的反映。

有人把微笑比喻为交际中的货币，人人都能付出，人人也乐于接受。更让人们惊讶的是，微笑还能产生不可估量的经济效益。闻名于世界的希尔顿酒店，从最初的一家发展到数百家连锁店，从5000美元的资产发展到数十亿美元，而且半个多世纪以来，不论世界经济如何波动，希尔顿酒店的生意一直都很火爆。当有人探询其成功的秘诀时，希尔顿微笑着说："经营微笑。"

希尔顿无疑知道微笑所产生的首因效应，即人与人交往中的第一印象。服务接待过程中，宾客通过对服务人员的仪表、言谈、举止等方面的观察而形成的感觉即为第一印象。这个过程尽管时间很短，甚至瞬间形成，但一旦宾客对服务人员产生了美好的第一印象，后面所产生的巨大效益是不可估量的，这也是希尔顿的精明之处。

有一首法国小诗这样描述微笑："微笑一下并不费力，但它可产生无穷的魅力；受惠者变得富有，施与者并不贫穷；它转瞬即逝，却往往留下永久的回忆……"大家都知道微笑是世界上最美丽的表情，但如何微笑，将这样美好的表情渗透到交往活动中，并不是一件人人都知道的事。

生活中你会见到各种各样的笑，有皮笑肉不笑，有开怀大笑，有强颜欢笑，还有嫣然一笑，但最美的莫过于微微一笑。微笑必定是发自内心的笑，真诚而友好，让人看了也会敞开心扉对你报之一笑，友谊就此确立。但有些微笑会令人觉得不舒服，比如一个人长时间看着你笑，你不会觉得他有问题，而是感觉自己哪里不对劲儿。如果有人对你正在微笑，却瞬间收回笑容，让你感觉戛然而止，你会很不适应。因此，微笑是一个自然流露的过程，两个人四目相接时彼此都展现笑容，这是表达友好最完美的方式。

微笑是一种个性化的表情。很多礼仪教材都提出，微笑时要露出 6 ~ 8 颗牙，我认为这是非常不现实的。人跟人情况不同，笑容也应该因人而异，如果强做硬性规定，人们反而无所适从。每个人都有自己的生理和心理特点，展现出的美丽笑容也是大不相同。有的人开朗、热情，笑时露出一排漂亮的牙齿；有的人内向、含蓄，笑时轻轻抿起嘴唇；有的人成熟、大方，笑时眼睛会说话。朱莉亚·罗伯茨笑的时候几乎露出了她所有的牙齿，谁又能否认这副笑容的魅力呢？

微笑还应该根据场合而定，该笑的时候笑，不该笑的时候千万不能笑，否则你会给人留下一个“不识时务”的坏印象。在交往过程中，目光停留在对方身上的时间应该占整个过程的 1/3 ~ 2/3。在这段时间里，在与对方目光接触的时候，应该展现灿烂笑容，其余的时间应该适当地将笑容稍微收拢，保持亲和的态度就可以了。另外，还要使微笑富于层次的变化，根据交谈的内容和情形自如地收放笑容，并配合目光交流和手势、动作等。同时，要展现出个人的特点，使整个交往过程中的微笑富于动态的美感，给人留下美好的印象，促使交往成功。

保持真诚自然的微笑是显示自己修养的重要途径。在经济学家眼里，微笑是一笔巨大的财富；在心理学家眼里，微笑是最能说服人的心理武器；在职场中，微笑是社会交际最正宗的脸谱。作为一名职场人士，一定要学会微笑，不但要笑得自然，还要甜美、亲切。笑要甜美，因为朋友是财富；笑要亲切，因为客人是嘉宾。把个人的一切烦恼、不安置诸脑后，振作精神，向每一个人微笑，不但可以显示自信，同时也展现了自己独特的魅力。

站立：用最优美典雅的造型打动对方

俗话说“站有站相，坐有坐相”，一个人的内涵和修养可以通过他身体各部位的直观动作以及待人接物的行为表现出来。站立的姿势是一个人的静态身体造型，也是其他动态身体造型的基础和起点。在一个人开口之前，他的站立姿势可以从很大程度上体现出他的礼仪修养。

生活中，你只要留心观察就会发现，人们的站姿千奇百怪。有人站着会不断抖腿，有人像刘罗锅那样“俯首称臣”般站立，有人双手交叉抱臂而立，有人无精打采勉强撑着躯体站立。有一次我去开会，等候期间，看见一位男性工作人员西装革履地站在门口，耳朵里塞着耳机，有客人来的时候，他一边热情邀请，一边领客人就座；没有客人的时候，他一边惬意地听着音乐，一边微微地摇晃着身体，时不时还偷偷走几步“太空步”。如果不是在工作场合，他无疑是一个散发着青春活力的小伙儿，但不同场合有不同的礼仪要求，尤其是在正式场合，一定要注意自己的言行举止。

你可千万别觉得站立是一个毫无技术含量的动作，实际上真正“达标”的没有几个。标准其实很简单：抬头挺胸，双手自然下垂，双肩自然放松，双腿直立，保持V字式脚位不动。你可能会说：“这不是礼仪小姐或者空姐的姿势吗？”对，我还想告诉你，这也是在职人员的正确站姿。在商务交际的任何场合，保持这样的站姿绝对没错，但要练好这样的站姿可不简单。最方便易行的是，每天下班后，靠墙站立，最好你的对面有一面镜子，你可以对照镜子里的自己，默念上面的标准，逐一修正自己的动作，一套完整的动作保持十分钟左右。一个月后，任何商务场合，你不一定是最帅最靓的，但绝对是最精神最青春的。上司和客户需要的不就是这些吗？

具体到性别要求，男士的站姿要求“站如松”，以体现出刚毅洒脱之美。站立时身体立直，两手背后相搭，贴在臀部，两腿分开，两脚平行，比肩宽略窄些，给人以挺拔笔直、舒展俊美、庄重大方、精力充沛、信心十足、积极向上的印象。女士则要求秀雅优美、亭亭玉立，身体直立时，右手搭在左手上，自然地贴在腹部，右脚略向前靠在左脚上成丁字步，形成一种优雅挺拔、神采奕奕的体态。

如果下列情况在你身上出现，请及时修正：两腿交叉站立；臀部撅起；双手或单手叉腰；无精打采，东倒西歪；攀肩勾背，或双臂交叉抱于胸前；探脖、哈腰、耸肩；头部左偏右斜；双手插入衣袋或裤袋中；身体抖动或晃动，下意识地做小动作，玩弄小物品，不停地拨弄头发，咬手指甲等。还有些人采用人字式、蹬踏式等脚位站立，也是不适当的。这些虽是小动作，但对于你的整体形象是有害而无益的。

场合不同，对于站姿的要求也有所不同。在非正式场合，站姿可以稍微随意一点儿。为了避免呆板，你可以灵活变动，双脚可以选择并拢，也可以一前一后，肌肉保持放松，但整个身体应保持挺直。在向人问候或者做介绍的时候，不论是握手还是鞠躬，身体的重心都应当在中间，双腿保持挺直。有些人为了表达出自己的热情，不但伸出两只手和对方握手，整个身体也差不多都扑到人家身上，这样是很不礼貌的。女士着礼服或者旗袍出席正式场合时，可以双脚前后站立，以一只脚为重心，这样不但随意优雅，而且能体现出女性的柔雅之美。

这里特别指出乘坐交通工具的时候，站姿也要注意。无论是公交车、地铁还是商务乘车，都要注意相应的站姿礼仪。身子要挺直，略微提臀，小腹内收，不要驼背弯腰。双腿应尽量伸直，膝部不宜弯曲，而是应当有意识地稍向后挺。如果和你的客户或者服务对象在一起，要和对方保持一定的身体距离，免得误撞到对方，同时尽可能地保持安定，最好不要频繁地摇晃身体，这样会给人留下轻浮、不够稳重的印象。

古人云“行如风，站如松，坐如钟，卧如弓”，这是对人的行为举止最基本的要求，也是一个人在社交礼仪中应该遵从的行为要点。在站立时，使身体在静态中保持最优美的姿态，无疑会给你的整体形象增光添彩。

坐姿：安静中舒展大方

无论是日常生活还是商务交往，坐都是主要的举止之一。我们伏案工作、参加会议、娱乐休息、交谈就餐等，都离不开坐。正确规范的坐姿能给人以端庄优美之感，而且别人也可以从不同的坐姿中读懂你的性格以及你的心理。尽管是一个静态的身体姿势，但反映给对方的是丰富的信息。因此，掌握正确的坐姿十分重要。

正确的坐姿古人已经有明文要求，即“坐如钟”，顾名思义就是像钟一样稳定。常年在写字楼里工作的白领，差不多每天一坐就是七八个小时，长时间对着电脑，于是养成低着脑袋弯着腰的习惯，久而久之，颈椎病和腰椎疼痛就开始光顾了。究其原因，还是坐姿不正确。

正确的坐姿不但自然大方，而且有利健康。体现在行为上要把握几个要领：

1. 入座时要轻。一个小伙子因为迟到了，匆匆进入餐馆包间，然后大步走到座位前，一屁股坐下，感觉位置不对，就连人带椅子一起朝前挪动，挪了三次才安定下来，椅子和地面摩擦发出难听的声音。一位长者微微地皱了一下眉，整个用餐过程，那位长者都没有和这个小伙子说话。这次社交活动，这位小伙子就输在了落座不符合礼仪规范上。

无论男士还是女士，走到座位前后，都要轻稳地坐下。女子入座时，若是裙装，应用手将裙子稍稍拢一下，不要坐下后再拉拽衣裙，那样不优雅。正式场合一般从椅子的左边入座，离座时也要从椅子左边离开，这是一种礼貌。如果椅子位置不合适，需要挪动椅子的位置，应当先把椅子移至欲就座处，然后入座。坐在椅子上移动位置，是有违社交礼仪的。

2. 双肩要平。两臂自然弯曲，两只手很随意地放在腿上，或者放在椅子、沙发扶手上也可以。

3. 双膝要拢。特别是女性，无论朝左还是朝右，双腿要并拢或交叠或呈小 V 字形。男性两膝可以分开一拳左右的距离，但不能尽情打开腿脚，那样会显得粗俗和傲慢。

4. 坐要过半，就是落座后应坐满椅子的 2/3，宽座沙发则至少坐二分之一。落座后至少十分钟不要靠椅背。如果只坐一个椅子边，或者尽情朝后靠，前者显得迫不及待，后者显得骄傲自满，都是不礼貌的坐姿。

5. 离座要稳。如果你打算离座，那么右脚先向后收半步，然后站起。之前最好先示意一下，不要突然起身，让众人毫无防备。

不同的场合下，人们会有不同的坐姿，甚至在同一个场合，人们也会变换几种坐姿。不同的姿势有着不同的心理暗示，尤其当你面对不同的人、不同的话题和不同的氛围时，你的坐姿就变得意义深刻起来。我们经常采取的几种坐姿有：

1. 正襟危坐。

这是一种很严肃的坐姿。这个姿势要求双腿并拢垂直于地面，腰杆挺直端坐于椅子上，入座者的严肃和拘谨不言而喻。如果是在陌生的环境中，做出这样的姿势往往是重视对方的表现。如果在熟人面前也这样，则说明入座者做事认真严谨，从不冒险行事，但长时间保持这个坐姿，难免拘泥于形式而显得有些呆板，缺乏弹性。

2. 身体蜷缩。

这个坐姿我们也经常看到，尤其是一些职场新人会时不时有这样的表现。他会身体蜷缩在一起，双手夹在大腿中间，这样的坐姿体现了他的自卑和焦躁不安。采取这种坐姿的人，往往比较自卑，对自己缺乏信心，习惯于服从他人的安排，而一旦做了错事，心里就会焦虑不安。

3. 跷二郎腿。

双腿交叉而坐，这样的坐姿会让人感觉比较舒服，也体现了一个人的优越感和放松心态。根据腿部交叉的位置不同，又可分为膝盖和膝盖交叉、脚踝和膝盖交叉两种。在人际交往中，如果对方做出膝盖和膝盖交叉的动作，那表明他心有戒备，而且对谈话的内容有些漫不经心；如果对方做出脚踝和膝盖交叉的动作，则表明他比较自信，争强好胜，渴望获得支配地位。当然，脚踝和膝盖交叉的动作最好不要采用，因为那样会显得你很无礼。

4. 抱头后仰。

在交谈中，如果你发现对方变换坐姿，双手交叉放在脑后，身体后仰靠在椅子或者沙发上，你就可以领略到他的自傲和冷酷。这样的人通常自我感觉很良好，对别人都是一副居高临下的姿态，甚至无视对方的存在，令人感觉很不舒服。事实表明，女性最讨厌男人做出这样的姿势。

5. 身体前倾。

很明显，如果对方对你或者你的话题感兴趣的话，他就会身体前倾，很专注地听你说话。从心理学的角度来看，人们总是会将身体倾向于给他们带来美好体验的事物，而远离给他们带去糟糕体验的东西。如果你在和客户交谈中，发现他有这样的坐姿，无疑你已经成功了一半，他对你以及你的产品很感兴趣，继续加油就可以胜利。

6. 骑跨而坐。

这样的姿势一般在熟人之间或者非正式场合出现。我曾经去过一个画家的工作室，在他忙完一幅画之后，他放下画笔，转个身，拉把椅子，骑跨而坐，也就是将椅背冲向自己，骑跨在椅子上。我顿时明白，他是一个支配欲望很强烈的人。当他面对一件事或者一个人的时候通常会很谨慎，一旦感觉到厌烦，就开始尝试去支配对方，而这个时候，椅子后背正好充当了他的挡箭牌，可以有效地抵挡他人的攻击。

7. 蓄势待发。

可以体会到，当某位领导漫长的发言结束或者会议散场时，我们都会将身体微微向前倾，一只脚前一只脚后，双手分别放在两个膝盖上，这意味着准备离开了。

优雅的坐姿传递着自信、友好、热情的信息，同时也显示出高雅庄重的良好风范。一个人的坐姿一定要符合端庄、文雅、得体、大方的整体要求，这也是基本礼仪素养的体现。

走姿：如风行水上，自然而从容

走路固然是每一个人都会做的事情，可假如你看到一个人在行走时迈着八字步，或者左顾右盼、脚擦地面、扭腰摆臀、勾肩搭背，除非是影视作品中有意为之，否则你会非常反感。

行如风，是对一个人走姿的要求和规范。怎样才能行如风？就是要保持标准的行走姿势。行走的基本规范是：双眼注视前方，不要左顾右盼，不要四下张望，脚步要干净利索，有鲜明的节奏感。不能把手插在衣服口袋里，尤其不要插在裤袋里，也不要叉腰或倒背着手，这些都很不美观。当然，不同的情况对行走的要求也是有所不同的，比如男性走路以大步为佳，女性走路以碎步为美。

俗话说，男人走路气昂昂，是说一个男人走路姿势端正，身体不摇晃，脚步不慌乱。具体的体现就是：抬头，挺胸，收腹，两肩不摇，两臂有节奏地摆动，一动一静之间体现出男性刚强、雄健、英武、豪迈的阳刚之美。如果一个女人也这么走的话，无疑会给人“男人婆”的印象。女人就应该有女人的阴柔之美，不但表现在外貌和服饰上，也表现在行为举止上，比如走路时碎步前行，走成直线，步态自如、匀称、轻盈，显示出含蓄之美。

当然，百人百性，每个人的性情在走姿上也能体现出来。比如，性子急的人走路也是急匆匆的，性子慢的人走路也是慢吞吞的，懒散之人走路趿拉着鞋，脚踏实地的人走路步子会迈得很重。在矫正一个人行走姿势的时候，可以拿一本书放在他的头上，放稳后松手，让他开始走。这样走虽然有些不自然，但却是一种非常有效的方法，可以使身体挺直，大腿关节有节奏地摆动，于是就显得步伐轻捷，有风行水上的飘逸之感。

一个人脚步的强弱、轻重、快慢、幅度大小及行走姿势也可以体现出这个人的性格差异。走路时用大踏步的方式行进的人，一般身体非常健康，这种人十分好胜而顽固。走路姿态非常柔弱无力的人，精神和健康也大都十分衰弱。喜欢拖着鞋子走路的人，或者鞋跟磨损较严重的人，大都缺乏积极性，不喜欢变化，也没有什么特殊才能，属于平常之辈。那些走路优哉游哉的人一般独立性很强。一边走路一边回头看的人，其猜忌心与妒忌心特别强烈。步行时上身摆动很小的人，为长寿之相，同时，这种人也较具有蓄财之心。

在日常生活和社交礼仪中，有关走姿还有几个方面需要注意。根据场合的不同，走姿也有相对应的要求和规范。比如走进会场、走向话筒、迎向宾客，步伐要稳健、大方；进入办公室拜访别人，在室内脚步应轻而稳；办事联络，步伐要快捷、稳重，以体现效率、干练；参观展览、探望病人，脚步应轻而柔，不要出声响；参加喜庆活动，步态应轻盈、欢快、有跳跃感；参加吊丧活动，步态要缓慢、沉重。

有一次我们去一家大型企业参观，给我们带路的是一位入职不久的女孩，她很热情，性子也急，走得很快，不大一会儿工夫就遥遥领先，迫使我们不得不气喘吁吁地跟在后面，一场参观搞得像赶集一样。女孩显然忽略了行走中也有先后顺序。礼仪中，行走顺序通常强调“以前为尊，以后为卑”，也就是说，前面走的人在位次上要高于后面行走的人。一般应当请客人、女士、尊长行走在前，主人、男士、晚辈与职位较低者则应随后而行。还需要注意的是：在中国，无论在哪里，行走时最好自觉地走在道路的右侧，这样便于他人通过。如果你是向导的话，最好能主动上前带路或开路。如果路比较宽，可以容许几个人并排走的话，这时候就要遵循“以内为尊，以外为卑”的原则了。当三个人一起并排行进时，有时亦可以中间的位置为尊贵之位，以前进方向为准，并行的三个人的具体位次由尊而卑依次应为：居中者，居右者，居左者。

有人在空间狭小的通道、过道或楼梯间谈话时，不能从中间穿行，应先道一声“对不起，请让一下”，待对方挪动后再从其侧面或背面通过。如果你无意中碰撞了别人，应主动表示道歉，说“对不起”后方可离开。行走时不要碰撞酒店陈设或花木，超越客人时，要礼貌致歉。与上级、宾客相遇时，要点头示礼致意。

走姿是每个人在日常礼仪中都要注意的问题，应随时矫正，这样无论你是步伐矫健、轻松灵活、富有弹性，还是行走稳健、端庄自然，都会给人以欢悦、柔和之感，这对你而言将是一笔看不见、摸不着的巨大财富。

乘车也有大礼仪

记得我刚参加工作的时候，那个有着三千多名职工的单位只有一辆吉普车，除应付紧急情况或接待重要的客人外，这辆车自然成了领导的专车。有一次科长叫我去局里送个材料，正在我不知所措之际，公司经理下楼来了，一问情况，朝我大手一挥：搭我的车去。经理拉开前门，在副驾驶的位置上坐稳了，我赶忙拉开后门上了车。一年后，单位又买了一辆五人座的商务车。有一次来了客人，我还是一如从前，走到车前，习惯性地拉后门准备坐上去，谁知道经理使劲瞪我，我知道情况不妙。在他的暗示下，我坐到了副驾驶的位置。我有点纳闷，后来才明白，车不一样，这坐法还真不一样；人不一样，坐法更是大不相同。

如果是社交应酬，乘车可以稍微随意一点儿。如果是陪客人或者朋友出去玩，主人自驾车，那副驾驶席就是最尊贵的座位。

如果是公务接待，就应该严格按规定来。因为公务接待比较正式，有专职司机驾车，这时副驾驶的后座就是最尊贵的座位。到达酒店时，后排右座门正好对着大厅正门，会有服务生过来开右座车门，客人下车方便。另外，公务接待时，副驾驶席被称为“随员座”，一般是翻译、秘书的位置，让客人坐在这里非常不礼貌。

张明灿奉董事长之命去接归国华侨金教授，与金教授同行的还有他的夫人和秘书。张明灿哗的一下拉开车门，自己先坐到了副驾驶位置。金教授的秘书一愣，在后面默默地打开车门请二位入座。车子启动后，张明灿从口袋里摸出一袋饼干，一边吃一边说：“赶着时间接人，都没顾上吃早点，别介意啊，我应付几口。”整个车厢就只听见张明灿咀嚼饼干的声音。金教授是董事长请来的国外知名专家，但因为张明灿的随意行为，金教授只是应付了一下就匆匆离开了。

张明灿的错误有二：一是不懂乘车的座次顺序，二是没有文明乘车。小小的失误换来莫大的遗憾，不能不说可惜。乘车顺序的基本要求是：倘若条件允许，须请尊长、女士、来宾先上车。

当然，现在私家车越来越多了，自己开车去接人的情况时常有之。这时需要遵从的乘车顺序就是自己先下车，照顾客人上车后自己再上车。如果乘坐由专职司机驾驶的轿车，应请尊长、女士、来宾从右侧车门先上车，自己再从车后绕到左侧车门上车。下车时，也是自己先从左侧下车，从车后绕过来帮助对方开右侧门。如果左侧车门不宜开启，于右门上车时，要里座先上，外座后上。总之，以方便易行为宜。如果乘坐三排以上的轿车，通常应以距离车门的远近为序。上车时，距车门最远者先上，其他人随后由远而近依次而上。下车时，距车门最近者先下，其他人随后由近而远依次而下。

另外要注意文明乘车，尽量避免做一些不雅的动作给客人留下不好的印象。具体表现为三点：

动作要雅。在轿车上切勿坐得东倒西歪。穿短裙的女士上下车最好采用背入式或正出式，即上车时双腿并拢，背对车门坐下后，再收拢双腿；下车时正面面对车门，双脚着地后，再移身车外。

要讲卫生。不要在车上吸烟，或者连吃带喝，随手乱扔。不要往车外丢东西、吐痰或擤鼻涕。不要在车上脱鞋、脱袜、换衣服，或者用脚踩座位。更不要将手或腿、脚伸出车窗外。

要顾安全。不要与驾车者长谈，以防其走神。在开、关车门时，不要弄出大的声响。当自己上下车、开关门时，要先看后行，不要疏忽大意。

乘车坐哪儿最安全？这是每一个人都关心的问题。事实上，安全只是一个相对的概念，所谓的安全座位只是专家通过事故调查分析和实车检测后得出的相对安全的结论。分析结果显示，出车祸时，车内后排乘客的安全指数比前排乘客高出至少 59%；如果后排正中间的位置上有乘客，那么车祸时其安全指数比后排其他座位上的乘客高 25%。基于此，再结合乘车人的角色身份，轿车的座次有了尊卑之说。不过，不同的轿车类型有着不同的座次顺序，需要具体区别对待。

第一种，双排、三排座的小型轿车。如果由主人亲自驾驶，一般前排为上，后排为下。如果由专职司机驾驶，通常后排为上，前排为下；以右为尊，以左为卑。

第二种，多排座的中型轿车。无论由何人驾驶，均以前排为上，后排为下，右高左低。

第三种，轻型越野车。其座次尊卑依次为：副驾驶座，后排右座，后排左座。

了解乘车礼仪会方便社交和出行，但如果是涉外礼仪，还应该提前了解国外的乘车礼仪。很多西方国家的乘车礼仪和我国有所不同，不能一概而论。

好声调也能赢得好人缘

说话的声音和语调对一个人究竟意味着什么呢？我们先来看两个小故事。

有一次，作家冰心正在路上走着，听见路边的喇叭正播送她的一篇作品。听着听着，她不由自主地停了下来。冰心怎么也没想到，自己的文章经过播音员读出来，竟变得如此感人！

意大利著名的影星罗西应邀参加一个欢迎外宾的宴会。席间，许多客人要求他表演一段悲剧，于是他用意大利语念了一段“台词”，尽管客人听不懂那段话的内容，但他动情的声调和表情，令人不由得流下同情的泪水。只有一位意大利人忍俊不禁，跑出宴会厅大笑不止。原来，这位悲剧明星念的根本不是什么台词，而是宴席桌上的菜单。

说话的声音绝对不能单调乏味，音阶的变化能加强你的说服力，说话抑扬顿挫是你工作热情的表现，同时也是感动人心的强大力量。不管是多么简短的对话，只有不断变化的语速和语调，才能让你的话充满吸引力，客户也会洗耳恭听，这就是声音的力量。

高谈阔论，然后突然结束，留下一片宁静。宁静中，余音绕梁，方才说话的语气、声调、速度的组合会在宁静中产生巨大的效果。只要让客户感受到你的魅力，他就一定不会把你的话当成耳旁风。

一个人的态度是友好还是充满敌意、是冷静还是激动、是诚恳还是虚假，都可以通过他的声音表现出来。说话声调平稳的人，具有正直之品性，心态稳健，性格持重。如果声音洪亮，中气较足，这样的人一般都是单位领导。这样的人在职场、官场都比较容易升迁，容易给人留下成熟、稳健、自信的印象。说话声音较轻的人，为人小心谨慎，比较内敛。说话语调不平稳的人大都内向或胆小，这样的人一般都比较悲观。如果你遇到一个人说话抑扬顿挫，节奏分明，像唱歌一样，那么他很可能是幻想家或者艺术家，这样的人一般表现欲较强，喜欢自我欣赏，为人比较圆滑。说话很急很冲、声音很大的人，一般都很任性。语气低沉的人，凡事都抱有怀疑，性格急躁而任性，有自大倾向。

在英国，曾经有一位女性想竞选议员，但雄心勃勃的她并不受周围人的欢迎。有人认为“她的音调很高，能吓死飞过的麻雀”。后来，她接受了别人的建议，把音调降了下来，结果使她的气场大大增强。声音的改变对她来说有多大的意义已无法估计，人们只知道后来她成了保守党的党魁，她就是“铁娘子”撒切尔夫人。

由此可见，一个人在说话时，语气语调里含有很多感情和情绪，有时还有很多非常微妙的东西。你声音的品质以及你对这种声音品质的调控，都极大地影响着你的说服力，以及人们对你性格的判断。举个简单的例子，当你在和陌生人说话或者问一个问题的时候，对方回答你的语气和语调可以给你两种截然不同的感觉。当人们加强语气和你说话的时候，你一定会感到很不舒服，会怀疑自己是不是得罪他了，他为什么用如此的语气对你说话。相反，如果他用一种温和的语气和平缓的语调和你说话，你会觉得很友好，同时也体现出他是一个有教养的人。

常言道：言为心声。语言是一个人思想的载体，而语调和语气是人的个性的表达方式，所以说话的时候，我们的个性也从我们的语调、语气中表现出来。比如，一个说话大声而且语调高亢的人，一定是那种脾气暴躁、爱计较的人。

不仅如此，男人和女人在说话的声音方面也多有不同。如果一个男人的声音像女人，他可能性格上比较敏感、细心、多疑，易有洁癖。如果一个男人说话有气无力，不论做什么事情，都难以获得成功。假如他是个大嗓门，而且为人和善，这样的人在职场一般都会有好运。男中音的人个性比较冷酷，属于慎重的务实型人才。男低音的人可以说是人格比较完美的人，他们大多头脑清晰，虽然不太具有男子汉的气概，但非常诚实。

对于女人来说，如果一位女性的声音像男性，则她的性格偏直率、粗心，不怎么细心。说话时高声尖叫的女人性情促狭，爱计较和辩论，容易激动，虚荣心很强，缺乏诚实。说话声音沙哑的女人，性格豪放不羁，享乐欲强，有野性。拥有低沉而富有魅力声调的女性一般会有多段恋爱史，在职场上很容易有异性缘。

俗语说："听话听声，锣鼓听音。"我们在判断一个人说话的情绪和意图时，固然要听他"说什么"，但更应该注意他"怎样说"，即从他的声调高低、音量大小、抑扬顿挫及转折、停顿中领会其"言外之意"，这些就叫辅助语言。在人际交往中，如果你正确地使用辅助语言，就可以取得良好的沟通效果。在你和他人交谈的时候，你的一个不经意的语调都能给他人留下深刻的印象，因此，选择一种适当的语气和别人谈话是非常重要的。

第三章 会面礼仪：黄金人脉在尊重中搭建

称呼他人：表达敬意也要掌握好技巧

一天，有位斯里兰卡客人来到南京的一家宾馆准备住宿。前厅服务人员为了确认客人的身份，在办理相关手续及核对证件时花费了较多的时间。看到客人等得有些不耐烦了，服务人员便用中文跟陪同客人的女士解释，希望能够得到对方的谅解。谈话中，服务人员习惯性地用了“老外”这个词来称呼客人。谁料这位女士听到这个称呼后立刻沉下脸来，表示了极大的不满。原来这位女士不是别人，正是客人的妻子。见此情形，这位服务人员立即赔礼道歉，但客人的心情已经大受影响，始终不能释怀，还对这家宾馆产生了不良的印象。

郭峰为他的外国朋友定做生日蛋糕，并要求打一份贺卡。蛋糕店小姐接到订单后问他：“先生，请问您的朋友是小姐还是太太？”郭峰也不知道这位朋友是不是结婚了，想想她的年龄，说：“应该是太太吧。”蛋糕做好以后，小姐把蛋糕送到指定的地方。敲开门，见到一位女士，小姐礼貌地问：“您好，请问您是怀特太太吗？”女士一愣，不高兴地说：“你找错人了。”就把门关上了。蛋糕店的小姐糊涂了，再次向郭峰确认，地址和房间都对。小姐再次敲开门，说：“没错，怀特太太，这正是您的朋友送您的蛋糕！”谁知道这位女士叫道：“这里只有怀特小姐，没有怀特太太！”说完，啪的一声，她又把门关上了。

可见，一句不正确的称呼会招惹来多大的麻烦。在任何场合，人与人见面，碰到的第一个问题就是怎样得体地称呼别人，才能表现出尊重他人的态度。一声得体又充满感情的称呼，不仅体现出说话人的文化和修养，还会使交往对象感到愉快、亲切，加深双方的感情，为以后的深层次交往打下良好的基础。因此，有人把称呼比作交谈的“敲门砖”，它在一定程度上决定着社会交往的成功与否。一般来说，对男士通称“先生”，对女士通称“小姐”，对于你不知道婚姻状况的女子也可以称她为“小姐”（尤其在涉外场合要特别注意）。一般来讲，称呼别人的态度要热情、谦恭有礼，称呼要确切、亲切、真切，称呼时要主动、大方。尤其对于中国这样一个礼仪之邦来讲，称呼更是丰富多彩。

职场人士经常用到的称呼有下面几类：

1. 敬称。

通常在正式场合的敬称有“您”“您老”“您老人家”等词，比如对年长的人或者职位高的人用“您”。工作场合人们习惯于用职业称谓，比如打招呼常用的“李老师”“张教练”“陈警官”“宋医生”等，还有对职衔的称谓，称谓词有董事长、总裁、总经理、主席、总理、局长、书记、工程师、教授等。

在非正式场合，相同年龄或者相同级别的人可以用比较亲切的称呼，但是，忌讳岁数小的人对岁数大的人称呼“老张”“老李”，这样很不礼貌。至于先生、夫人、太太、小姐、小哥、女士等，这些都是很流行的称谓，而且不受行业和职称限制，是人们比较喜欢的称谓方式。

2. 谦称。

谦称是抑己，就是表达谦虚的意思。比如，称自己的见解为“鄙见”“陋见”，称自己的作品为“拙著”“拙文”，称自己的住房为“寒舍”“斗室”“陋室”等。

3. 美称。

一般是长辈对晚辈表示喜爱和看重的称呼。多用于书面语，比如“贤弟”“贤侄”“贤婿”等，称对方子女为“公子”“千金”等。

4. 婉称。

一般用“阁下”尊称长者，对人容貌称“尊颜”。对男性长者常用“威颜”，对女性长者常用“慈颜”，表示慈祥、慈爱之意。

一句不恰当的称呼会成为你商务交往的绊脚石。称呼中千万注意几点：不能叫别人的小名，不能叫别人的绰号，不能叫别人的昵称，不能叫排行，忌用蔑称和贬称。尤其是正式场合，即使关系再铁再熟，也不能肆无忌惮地“阿猫”“臭蛋”相称，这样会显得你很没有修养。

无论是正式场合还是非正式场合都应该谨记：称呼要得体，不要做作。不要为了礼仪而礼仪，矫揉造作地称呼别人，这样会让对方感觉很不舒服。要根据场合、根据不同的文化层次来称呼对方。日常生活中可以随意一些，商务社交中比较严肃和规范一些。

自我介绍：形式不同，介绍的重点也应有所不同

商务礼仪中的自我介绍不外乎要达到两种目的：一、体现自己的价值，即自己的学识、经历以及对自己能力的评价；二、得到他人的认可。把自己完美地介绍给他人不是一件简单的事，如果做好了，就可以使自己很快地融入环境，并得到他人的认可。

一家德国公司的总经理史密斯先生在得知与新星贸易公司的合作很顺利后，决定携夫人一同前来中方公司做进一步考察。李静陪同新星贸易公司的张总经理前来迎接，下面请看李静的一系列表现。正是她的此番表现，使得史密斯先生决定把一个重大项目投向中国的新星贸易公司。

李静面带微笑，开口说："史密斯先生、夫人，你们好！我是新星贸易公司的项目部经理李静。这位是我们公司的张正耀总经理。张总，这就是我多次向您提过的史密斯先生，这位是他美丽优雅的太太史密斯夫人。"

自我介绍的基本要求是使对方快速而准确地了解你，根据场合和社交要求的不同，自我介绍也分为几种类型。

自我展示型。这样的自我介绍比较适合求职应聘或者谈判会晤等比较重要的场合，介绍的前提是有的放矢，根据对方的需求，坦诚地将自己的相关信息介绍给对方，从而得到对方对自己最大限度的认可。

受理委托型。当你必须替别人完成一件事情或者某项任务，而你的目标方对你缺乏了解时，你就需要向对方自我介绍。比如，领导委托你将一份文件交给另一家公司的老总时，见到他你就需要介绍：你是某某公司的员工，你的领导某某某委托你将这份文件转交。自我介绍的时候必须把自己与委托人最关键也是最重要的利益关系介绍清楚，以求得到目标方的重视与接纳。

询问了解型。陌生人之间或者一些非正式场合，人们之间还不够熟悉时，由于对方缺乏了解，难免问这问那，这时自我介绍要把握好度，只需

要摆明基本信息，比如身份、职业等即可，不必过多地进行自我描述，更不必将个人隐私透露给对方。

书面介绍型。在一些文件信函中，需要以书面形式介绍自己的状况，比如个人简历、申报表格，这种自我介绍简明扼要，只需要将重大经历写清楚就可以，使对方看后一目了然。对于一些关键性的细节，可以适当展开。

那么，什么时候适合进行自我介绍？这是很多人遇到的问题。在下面这些场合，有必要进行适当的自我介绍。

· 与不相识者相处时。

· 有不相识者表现出对你感兴趣时。

· 有不相识者要求你做自我介绍时。

· 在聚会中你与身边的陌生人交谈时。

· 当你打算介入陌生人组成的交际圈时。

· 对方记不清你的信息时，你有必要做补充，帮助对方准确而有效地记住你的相关信息。

· 当对方对你还不够了解而你有求于对方时，恰到好处地做一下自我介绍，会在短时间内拉近双方的距离。

· 拜访时遇到不相识者挡驾，或者对方不在，需要请不相识者代为转告时。比如，你去某教授家里送论文，正好教授不在。面对陌生人，你需要介绍自己的身份并说明来意，这样可以使对方帮你达成意愿。

· 当你需要去陌生单位办理业务时，只有做好自我介绍才能开展工作，否则对方不配合，就办不成事。

· 在出差、旅行途中，你有必要和某人建立联系的时候，需要做自我介绍。

以上场合尽管都需要你做自我介绍，但对象不同、要求不同，自我介绍的侧重点也有所不同。

非正式场合中，你可以通过寒暄来自我介绍。比如你参加一个活动，进入会场中，就会有人来和你搭讪："我是……请问您是做哪行的？"你就需要做相关介绍："我是 IT 行业的，× × 公司的程序员 × × ×。"或者在飞机、高铁上，邻座向你打招呼，自我介绍的时候，简单说明你是做什么行业的、叫什么名字就可以了。现在的人自我保护意识都比较强，不是特殊场合或者特殊要求，一般都不愿意透露自己过多的信息，寒暄式的自我介绍就可以了。

在公务场合的自我介绍一般比较正式，包括以下四个基本要素：第一，单位；第二，部门；第三，职务；第四，姓名。对客户自我介绍时可以这样说："我是星火集团第二项目部的部门经理王冲。"如果有名片，递上名片再方便不过了。如果没有带名片，就采用以上方式报出你的信息。

在一般的社交场合中自我介绍就显得稍微随意一些，你可以根据具体场合和人群做出相应的自我介绍。大体上有这么几项内容：第一，姓名；第二，职业；第三，籍贯；第四，爱好；第五，交往对象双方共同认识的人。比如去参加一个沙龙，你自我介绍时可以说："我叫许亚丽，湖南人，是一位美容顾问，平时喜欢旅游、泡吧。"在这些信息中，你的某个信息或许会和对方擦出火花，就可以迅速拉近彼此的距离。也许他正好是你的老乡，也许他正好是某个朋友认识的人，也许他正好对你的职业感兴趣，等。

最后我想提醒大家的是，在做自我介绍时，要看着对方的眼睛，向对方表达善意和友好。对自己的头衔、职称、业绩不可夸大，也不必刻意自贬。三言两语介绍完就可以了，时间最好不超过 30 秒钟，越简洁明了越好，喋喋不休的人很难得到对方的认可。非正式场合，你可以适度幽默一些，但正式场合一定要严肃谨慎，千万不能闹笑话，更不能因为一句不恰当的自我介绍而使自己的形象减分。

介绍别人：礼到情意到

在日常生活和社交场合中，经常需要为他人做介绍，就是把一个人引见给另一个人，促使不认识的人相互认识，营造和谐融洽的社交氛围。由于你处于当事人之外，所以在介绍时一定要注意方式和措辞。

首先，要充分考虑被介绍的双方有无相互认识的必要或者愿望，在介绍之前要先征求双方的意见，有此意向之后再做介绍，以防为他人做介绍时冷场。除此之外，作为介绍人还要注意陈述与神态，这是决定介绍成功与否的主要因素。一般来讲，介绍时间宜短不宜长，内容宜简不宜繁。通常的做法是连姓带名加上尊称、敬语。较为正式的话，比如在晚宴上，你可以这样说："尊敬的约翰·威尔逊先生，请允许我把杨华先生介绍给您。"要是在日常生活或者职场中，场合没那么正式的话，可以略去敬语与被介绍人的名字，如"张小姐，让我来给你介绍一下，这位是李先生"。

什么时候适合做介绍？要是你看到对方正聚精会神地忙着工作、与人谈话、急着赶路、手抱重物、情绪欠佳、心事重重等，如果这时介绍一位他不想认识的人，他很可能心生反感、心不在焉或者感到难堪。这种情形下最好放弃为他人做介绍，这是对双方的尊重，也是对自己的尊重。要是对方有时间、有心情、有结识朋友的欲望，那么抓住时机介绍一定会取得很好的社交效果。

把谁介绍给谁？这是很多人在帮别人介绍时遇到的难题。一般是"尊者拥有优先知情权"（尊者指年长者、身份高者、女士、客人等），因此，应当先为年长者介绍年轻者，先为身份高者介绍身份低者，先为上级介绍下级，先为女士介绍男士，先为早到者介绍后到者，先为外单位人士介绍本单位同事，先为客人介绍自己家里人，先为已婚女性介绍未婚女性，等等。当然，以上次序不是教条，应视具体环境灵活运用，如年轻女士和年长男士相识，就应当先将女方介绍给男方。

如果你需要一连介绍好几个朋友互相认识的话，应把他们邀在一起，简单扼要地介绍，不要拉着某一个人做点名式介绍，使对方尴尬。要是在会议或者宴会上，你可以按照顺时针或者逆时针的顺序给大家一一做介绍。介绍姓名时，口齿要清楚，并做必要的说明。如介绍李某，可以说是“木子李”，介绍章某，可以说是“立早章”，这样别人既听得明白，又便于记忆。被介绍的人应以礼貌的语言向对方问候，点头或握手致意。现在，名片使用广泛，在做介绍时如果被介绍人适时递上一张名片，既是礼貌，又容易使对方准确记住自己，无疑是个两全其美的好办法。

作为介绍人，在为他人做介绍时，态度要热情友好，不能给人以敷衍了事或油腔滑调的感觉。做介绍时，介绍人应起立，行至被介绍人前。在介绍一方时，应微笑着将另一方的注意力引导过来。手的正确姿态应是手指并拢，掌心向上，胳膊略向外伸，指向被介绍者，但绝对不要用手指对被介绍者指指点点。在此期间，千万不能出现厚此薄彼的现象，不能对一方介绍得面面俱到，而对另一方介绍得简略至极。也不可以对被介绍的一方冠以“这是我的好朋友”，因为这似乎暗示另外一个人不是你的朋友，所以显得不友善，也不礼貌。最好在介绍前能找到被介绍双方的某些共同点，比如都喜欢跳舞，都喜欢画画，这样会使初识的人交谈更加顺利。要是介绍人感到时间宽裕、气氛融洽，除了介绍姓名、单位和所任职务外，还可以介绍双方的爱好、特长、个人学历、荣誉等，为双方提供交谈的机会，便于更好地了解和认识。

如果遇到一些难于按常规处理的情况，应具体问题具体分析。比如，你要介绍两位地位不相上下的经理以及两位经理夫人认识。对前者，你就不能按照“把职位低者介绍给职位高者”的惯例行事，因为两位经理的职位高低在伯仲之间。对后者，恐怕也不能按照“把晚辈介绍给长辈”的规矩去做，因为女士的年龄属于个人秘密，更何况没有一位女士愿意承认自己“显得老”。在这种职位难分高下、年龄大小不便明说的情况下，只有采取“先温后火”或“先亲后疏”的办法，才能“过关”。“先温后火”意即把脾气好的一方介绍给脾气欠佳的一方，“先亲后疏”意即把与自己关系密切的一方介绍给自己较为生疏的一方。一般而言，脾气好的人、自己的熟人，总归好说话；而脾气欠佳的人、自己较为生疏的人，大都喜欢挑礼，是不好得罪的。

无论从哪个角度讲，自己在为他人做介绍时的所作所为，都直接关系到他留在对方心目中的第一印象的好坏，因此必须慎重对待。

名片：在尊重别人的同时搭建自己的人脉

名片是一个人展现自己的小舞台，是现代社会中必不可少的社交工具。尽管如此，它却并不是现代人的专利。早在汉代，人们就开始使用名片了。据清代学者赵翼在其著作《陔馀丛考》中记载："古人通名，本用削木书字，汉时谓之谒，汉末谓之刺，汉以后则虽用纸，而仍相沿曰刺。"可见，名片的前身即我国古代所用的"谒""刺"。

名片就是介绍信，它用最简短的信息准确地介绍一个人。名片发展至今，已成为具有一定社会性、广泛性，便于携带、使用、保存和查阅的信息载体之一。在社交场合与他人进行交际应酬时，我们都离不开名片。名片的使用是否正确，成为影响人际交往成功与否的一个因素。

日常生活中，我们可以见到各种使用名片的情形：有人一只手递名片，有人硬朝别人怀里塞名片，有人发残损名片，也有人双手递过个性十足的名片。由于交际的丰富多样性，名片还可以随赠送的鲜花或礼物，以及发送的介绍信、致谢信、邀请信、慰问信等送出，在名片上面还可以留下简短的附言。由此可见，小名片有大学问！

在不同的场合交换名片时有着不同的礼仪：在日本，无论接受名片还是递上名片，都必须用双手，且微微弯腰。在阿拉伯地区，绝对不能用左手接受名片，更不能用左手递名片。递名片显示着一个人的修养，也是对交往对象尊重与否的直接体现。

无论你的名片多么花哨个性，在社交场合都应该遵循以下几个基本原则：

一是足量适用。最好随身携带一个名片夹，带上数量充足的名片。在某个论坛上，我看到很多人背着双肩包，在 500 人的大会现场逐个散发名片，但最后因为信息不对称，会场椅子下面遗落着很多名片。二是名片要完好无损。有些人因为名片信息不足，临时用笔在上面补充一些内容。由于保存不善，时间一长，名片上的字迹模糊一片，甚至出现褶子、破烂、肮脏、污损的情况。三是名片应统一放在一个位置，不能给人发名片时，又是翻公文包，又是掏裤兜，到处找名片，显得毫无准备。

你的名片发给谁？这是发送名片前需要思考的问题。名片务必要在交往双方均有结识意愿并欲建立联系的前提下发送，如果双方或一方并没有这种愿望，则无须发送名片，否则会有强人所难之嫌。在你认为确有必要时发送名片，才会让名片发挥其功能。不要在用餐、看戏剧、跳舞时发送名片，也不要在大庭广众下向多位陌生人发送名片。

怎么发名片？发名片的目的是结识更多的目标人物，那么在结识之前必然要先打招呼。在递出名片时，先微笑着和人打招呼，可使用“你好，请了解一下，我是……”“可否交换一下名片”之类的提示语。在交换名片的时候，应当先由位低者向位高者发送名片，再由后者回复前者。但在向多人发送名片时，不宜以职务高低决定发送顺序，切勿跳跃式发送，甚至遗漏其中某些人。最佳方法是由近而远、按顺时针或逆时针方向依次发送。

接受他人名片时，不论你有多忙，都要暂停手中一切事情，并起身相迎，面带微笑，双手接过名片。接过名片后，先向对方致谢，然后要将其从头至尾默读一遍，遇有显示对方荣耀的职务、头衔不妨轻读出声，以示尊重和敬佩。接到他人名片后，不能随意乱丢乱放、乱揉乱折，即使不用，也不能当着别人的面将名片丢弃，这是非常不礼貌的行为。

接受了他人的名片后，你应当回给对方一张自己的名片。如果没有名片，名片用完了或者忘了带名片，应向对方做出合理解释并致以歉意，切莫毫无反应。

接受一张名片就意味着你多认识一个人，多一个朋友，未来多一个合作伙伴。在人脉等于钱脉的思想下，妥善保存名片成为一项重要的任务。这里推荐存放名片的方法有：

1. 按照工作单位分类；

2. 按姓名拼音字母分类；

3. 按姓名笔画分类；

4. 按部门、专业分类；

5. 按国别、地区分类；

6. 输入商务通、电脑等电子设备中，使用其内置的分类方法。

名片不是发出去或者收回来就没事了，而是要根据自己的实际情况有选择地利用。和对方不定时地保持联系，在节假日时给对方打个电话或者发个祝福的邮件是保持联络的最佳方式。朋友多了路好走，在你为对方默默付出的时候，必然也会得到对方的支持和帮助。

圈子对了，事就成了。找准圈子，然后走进圈子，将你个性十足的名片传递到每一个人手中，命运之神会在悄然间助你一臂之力！

握手：积极地传递出你的主动和热情

艾丽是某著名房地产公司的副总裁。一天，她接待了来访的建筑材料公司主管销售的韦经理。韦经理被秘书领进了艾丽的办公室，秘书对艾丽说："艾总，这是 ×× 公司的韦经理。"艾丽离开办公桌，面带笑容，走向韦经理。韦经理先伸出手来，与艾丽握了握。艾丽客气地对他说："很高兴你来为我们公司介绍这些产品。这样吧，我先看一看这些材料，再和你联系。"韦经理在几分钟内就被艾丽送出了办公室。几天内，韦经理多次打电话，但得到的是秘书的回答："艾总不在。"到底是什么让艾丽这么反感一个只与她说了两句话的人呢？原因在于握手！韦经理是一个男人，职位又低于艾丽，握手应该由艾丽先伸手。艾丽说："他伸给我的手不但看起来毫无生机，握起来更像一条死鱼，冰冷，毫无热情。当我握他的手时，他的手掌也没有任何反应，就这几秒钟，他就留给我一个极坏的印象。"

握手是陌生人之间的第一次身体接触，虽然只有几秒钟的时间，但足可以决定别人对你的喜欢程度。握手的方式、用力的轻重、手掌的湿度等，无声地向对方描述了你的性格、可信程度、心理状态。握手的质量表现了你对别人的态度是热情还是冷淡，是积极还是消极，是尊重别人、诚恳相待，还是居高临下地敷衍了事。一次积极的、有力度的、正确的握手，表达了你友好的态度和可信度，也表现了你对别人的重视和尊重。一次无力的、漫不经心的、错误的握手，立刻传送出不利于你的信息，它在对方的心里留下了对你非常不利的第一印象。毫不夸张地说，握手在商业社会里几乎意味着经济效益。

那么，怎样把握和创造这样的经济效益呢？应该掌握必要的握手礼仪。

试问，一群人中，你应该先和谁握手，再和谁握手？这真的是很多职场人士犯难的问题，特别是在彼此不够熟悉的情况下，一双热情的手迟迟不敢伸出去。请你记住，握手时一定是主人、长辈、上司、女士先伸出手，然后客人、晚辈、下属、男士再伸手。

握手当然是用右手握，你要是伸出左手，即使你是左撇子也没人会理你，这是基本的常识。在别人向对方介绍你的时候，不要先着急伸出手，尤其是年轻人，等别人介绍完后，再紧握对方的手，时间一般以 1 ~ 3 秒为宜。漫不经心地接触对方的手是不礼貌的，特别是年轻的男性，要是恰好握手的对象是一位女性就更要注意，必须是女士伸手后你再伸手，轻轻一握就可以。在和长辈握手时，年轻者一般要等年长者先伸出手；在和上级握手时，下级要等上级先伸出手再趋前握手。另外，接待来访客人时，主人有向客人先伸手的义务，以示欢迎；送别客人时，送到门口后，主人也应主动握手表示欢迎再次光临。

有人将握手称为人际交往中的“硬通货”，殊不知，握手有很多细节值得注意。或许你还不知道，在短短几秒钟的握手时间中，对方已经将你的性格、心理摸得一清二楚。心理学家及身体语言专家们认为，通过握手能判断人的性格。在同性的陌生人中，主动伸出手的人性格坚定、热情，或者有丰富的人际交往经验；支配欲望强的人握手时会让自己手心朝下，压在别人的手上。手心湿漉漉、汗津津的人，会感到焦虑、紧张，可能是这次会见给他造成了一定的压力。性格粗犷、豪放甚至莽撞的人，会过度地握住别人的手。你伸出手来对方却没有反应，他可能不懂礼仪，或者根本没有看见，或者性格极端封闭、内向，或者有意冷淡，令人难堪。双手紧握对方手的人，表现出超人的热情和极度盼望的心情，这种被称为手套式的握手，是政治家们所钟情的、用来操纵人们心理的握手方式。它表现了对被握手人的亲密和渴望，能缩短人们之间的距离。

在过去，握手表示没有武器，象征信任和友谊。今天，握手也象征尊敬和礼貌。它能够给人留下深刻的印象。强有力的握手，眼睛直视对方，将会搭起积极交流的舞台。可见，握手是职场的必修课。

交流：幽默是距离的“亲善大使”

俄国文学家契诃夫说过，不懂得开玩笑的人，是没有希望的人，可见幽默在生活当中是多么重要。幽默可以淡化人的消极情绪，消除沮丧与痛苦。具有幽默感的人，生活充满情趣，许多看来令人痛苦烦恼之事，他们却能轻松自如地应付。幽默是一种乐观的生活态度，幽默的人能很容易地融入一个团队，并被团队的人所记住。幽默的人是受人们欢迎的人。

幽默在人际交往中的作用是不可低估的。人们常有这样的体会，在紧张的氛围中，一句幽默的话、一个风趣的故事，就能使人笑逐颜开，迅速拉近彼此之间的距离。美国一位心理学家说过：“幽默是一种最有趣、最有感染力、最具有普遍意义的艺术。”

如何才能学会幽默，成为一个有幽默感的人呢？这几乎是人人都关心的问题。在培养幽默细胞之前，我们有必要先来了解一下幽默的注意事项，因为稍有不慎，幽默就会变成麻烦。

一要内容高雅。内容粗俗或者不雅，虽也能博人一笑，但过后容易令人感到乏味无聊和反感，从而损害幽默者的形象。

二要态度友善。幽默的过程是情感互相交流传递的过程，以挖苦对方、发泄厌恶为目的的就不能称为幽默，这样的“幽默”只会给人留下不好的印象。幽默需从友善的角度出发，这样既能达到调节气氛的目的，又可以体现出自己的风格和善意。

三要注意场合。在庄重、严肃的场合，幽默要注意分寸，否则会引起反感，甚至招惹来麻烦。

因身份、性格和心情的不同，人们对幽默的承受能力也有差异。同样的幽默，不同的两个人可能会有截然不同的反应。一般来说，晚辈对长辈、下级对上级、男士对女士，要慎重使用幽默。即使是同辈之间，如果对方性格内向敏感，也要慎重；或者他平时性格开朗，但你恰好碰到他心情不愉快的时候，也不要随便幽默。

还要把握好幽默的度。分清楚场合和对象，不能用低俗的笑料、恶意的模仿以嘲笑弱者来表达幽默。此外还应避免使用有关宗教、种族、政治、两性、对方所在行业不光明的前景，以及其他可能令人不愉快的素材。

幽默是有技巧的。电影《刘三姐》中，秀才说：刘三姐，谁跟你讲天讲地？我们要讲眼前。刘三姐唱道：讲眼前——眼前眉毛几多根？问你脸皮有几厚？问你鼻梁有几斤？几句话把秀才问得哑口无言，博得了大家的笑声。这就是用曲解的方法取得了幽默的效果。

此外，多尝试从不同角度去思考问题，你会获得不一样的结果。有一次，电视购物节目中，一位女主持人给观众介绍一种摔不碎的玻璃杯，几次试镜都很顺利。不巧，正式播出时，杯子竟然摔得粉碎。该女主持人镇定地说："看来发明这种玻璃杯的人没有考虑我的力气。"幽默的语言一下子使她自己摆脱了窘境，并化解了杯子不结实的误会。

平时还要多看些幽默的书籍，培养幽默感的最佳方法就是欣赏别人的幽默。正所谓"熟读唐诗三百首，不会作诗也会吟"，见得多、听得多了，骨子里的幽默感自然就多了。学会幽默，适时地幽默，你就会成为极受欢迎的人。

幽默体现出自信和尊重，它是商务交往的润滑剂，更表现出交往的智慧、放松的心态、健康的品质。如果我们能够充分发挥幽默感，在谈笑间就可以对别人说"不"，不仅气氛轻松，也能顺利达到拒绝的目的，这对双方来说，都是最好的结果。在日常社交中，如果你是一个富有幽默感的人，即使是第一次见面，别人也会因为你一句幽默的话而与你成为好朋友。

有人说，幽默是智慧的象征，它能令人感到快乐，而快乐的气氛是超强的润滑剂，对沟通来说至关重要。的确如此，一个有着高尚的情趣、丰富的想象和开朗乐观的性格的人，才能成为幽默风趣、自然洒脱的人，也必定会成为一个备受欢迎的人！

第四章　求职礼仪：

借助礼仪走向金牌岗位

面试：你准备好一份个性简历了吗?

肯定会有人说，简历就只是一两张纸的事儿，套用一下模板，然后修修改改就可以了，何必一定要去学怎么写或者请人帮助修改简历呢？如果你真的这样想的话，我只能为你叹息。简历虽然只是一两张薄薄的纸，却对你以后的职业生涯有着极大影响，而你的职业生涯基本就是你的人生。这不是学历、工作能力、工作经验的问题，而是你如何用一两张纸表现出这些东西并且让 HR（人力资源专员）认可的问题。一份好的简历呈现的不仅是最基本的信息（你是谁？有什么能力？有什么工作经验？），同时它还能让 HR 看到聘请你能为公司带来什么样的回报，为什么要聘用你而不是其他人。这肯定不是下载一个简历模板就可以做到的。

简历是什么？就是你的名片和广告。面对一百个应聘企业，需准备一百份不同的简历。因为不同的企业有不同的用人要求，你必须用相应的合适的简历来说明你正是它要找的人。生活中很多人并不是这样的。大家常常准备一份简历，然后复印一百份，抱着一百份简历到人才市场到处发，而最后的结果是无人问津，究其原因就是不合适。只有用心“规划”后写出的简历，才能够从 HR 桌上厚厚的简历中脱颖而出。有的放矢，才能事半而功倍。只有明确目标，步步为“赢”，求职才能成功。

学日语专业的朱坤雪向往日资企业。可是她的个人简历给人的信息是“除了日语她就不会别的”，最后导致的结果是她苦苦寻找了很长时间也没能找到合适的工作。最后在老师的建议下，她分别针对“文员”“文案”制作了两份简历。富有戏剧性的是，她在同一天接到了两个面试通知。也就是说，她有针对性的个性简历得到了用人单位的认可。显而易见，只有目标明确，才能有一个好的结果。最糟糕的莫过于万金油一样的简历，感觉什么都会，又什么都不会，HR 看不出你到底想做什么工作。在双方都一头雾水的情况下，出现奇迹的可能性几乎为零。

秦妍制作了两份简历，面向学校和教育机构的简历做得“足够锋利”，从她的经历中一眼就可以看出她的优越性；但另一份针对“活动策划”职位的简历就有些“钝”了，因为事实上她也的确没有很强的策划能力。应该考虑职位特点，把与之相符合的分量重的经历往前提，并且尽量写得翔实一些。如果你实在没有这方面的才华，建议还是不要勉为其难，做自己擅长和感兴趣的工作为好。

由此看出，简历虽小，学问却大。一份个性化十足的简历无异于给自己做了一个宣传广告。要想达到这样的效果，一份好的简历应该具备以下几个特点：

1. 要简短。如果你寻求一个部门经理的职位或专业技术职位，写上一两页纸的简历是正常的。但大多数情况下，作为大忙人的 HR 根本无暇顾及你那份超过两页纸的简历，如果你写得烦琐冗长，那么 HR 很可能会因为事务繁忙而错过你。

2. 消灭错误。低级的错误一定要消灭，如果你过人的才华毁灭在几个错别字或者用错的标点符号上，那简直亏死了。

3. 视觉舒适。简历的总体形象将会影响雇主对你的看法。你写的简历是否布局合理？是否干净利索，看上去很专业？它是否充分利用了整张纸？使用了不同的字体、字号，很好地设计了版式，使用了优质的纸张？总之，要让HR眼前一亮，惊喜地发现你。

4. 不可面面俱到。很多年轻人犯的一个错误就是，恨不得在简历中把自己所有的经历都写尽。过分张扬不好，一定要重点强调你有干某项工作的特别技能，以及你所取得的成就和证书；过分谦卑也不好，这个也谦虚，那个也谦虚，最后面试官也不清楚你能干什么。

一份好的简历就是要：

1. 重点突出。重点突出个人的学习经历、工作经验以及曾取得的成绩。

2. 简短而富有感召力，要多次重复重要的信息。简历应该尽量限制在一页纸以内，个人情况介绍尽量运用动词性短语，使语言更加鲜活有力；在简历页面上端写一段总结性的语言，陈述你最大的优势，然后在个人介绍中将这些优势以经历和成绩的形式加以叙述。

3. 陈述有利的信息，争取成功的机会。招聘者对理想的应聘者也有要求：相应的教育背景、工作经历以及技术水平。简历中不要有其他无关信息，以免影响招聘者的判断。

我们常常看到各类宣传广告，那些成功的广告都有一个共同的特点，就是迎合消费者的需求。我们也常常收到各种名片，那些成功人士的名片都有一个特点：简洁。结合这两个特点，你就可以制作出专属于你的个性简历，记住：有的放矢，才能事半功倍！

时间观念是第一道考题

时间对于每一个人来说都是公平的，但由于每个人对时间的观念不同，最后的结果也不同。我们来看一个案例。

张华终于有幸与另一名入选者一起参加最后一轮面试。在面试即将开始时，张华才赶到现场，在接下来近半个小时的面试中，他从容不迫地回答了该公司老总的提问。面试即将结束时，老总问张华："你能告诉我现在的确切时间吗？"张华看了看手机，随即说出了时间。然而，面试结束后，张华被告知未被录取，原因是张华手机的时间比准确时间慢了将近 10 分钟。尽管他比另一名应聘者有技能上的优势，但因为时间观念淡薄，张华最终被淘汰了。

时间就是金钱，效率就是生命！如今，守时已经成为职业道德的一个基本要求。对于参加面试的人来说，应提前 10 ~ 15 分钟到达面试地点，稍做休息调整，熟悉一下环境，稳定一下心神，以便以最佳的状态去面试。在面试时迟到或者匆匆忙忙赶到是致命的，如果你面试迟到，那么不管你有什么理由，都会被视为缺乏自我管理和约束能力，即缺乏职业能力，给面试者留下非常不好的印象。不管什么理由，迟到都会影响自身的形象。而且大公司的面试往往一次要安排很多人，迟到了几分钟，你就很可能与这家公司失之交臂。因为这是面试的第一道题，你的分值就被扣掉，后面你也会因状态不佳而将事情搞砸。

交通拥堵、找不到地方等情况难免都会出现，但主动权在你手里，如果路程较远的话，你可以提前一两个小时出发，宁可早到半个小时也不要迟到三分钟。或者你可以先去一次，熟悉交通线路、地形，甚至事先搞清洗手间的位置，这样你就知道面试的具体地点，同时也了解了路上所需的时间。

HR 给大家的建议是最好不要提早进入办公室，不要提前 10 分钟以上出现在面试地点，否则也会给对方留下时间观念淡薄的坏印象。你可以在公司附近溜达，比约定的时间早 10 分钟以内出现在面试地点。一般来说，通知你几点你就应该几点出现，当然特殊情况另当别论。

提前到面试地点还有一个好处，就是你有时间整理自己的仪容。有一次公司面试，快结束的时候忽然跑进来一个男生，气喘吁吁，大汗淋淋。因为是夏天，他的汗臭味扑鼻而来，令人格外不舒服。还有一个女生坐到面试官的对面时，她的嘴角还有没擦干净的辣椒油。这些细节都很煞风景，因此，提前到场，你会有时间整理好自己的仪容，以良好的形象出现在面试官眼前，给人留下一个良好的第一印象。

这里需要说明的是，强调时间观念是对于应聘人员而言的。招聘人员是允许迟到的，这一点一定要清楚，对招聘人员迟到千万不要太介意，也不要太介意面试人员的礼仪、素养。如果他们有不妥之处，你应尽量表现得大度一些。否则，招聘人员一迟到，你的不满情绪就溢于言表，招聘人员对你的第一印象就会大打折扣，甚至导致满盘皆输，因为面试也是一种人际磨合能力的考察。

着装：穿“嫁衣”去面试胜算多

俗话说，人靠衣服马靠鞍。穿什么样的衣服去面试，能体现出你是一个什么样的人。如果你衣着得体，不仅表示你对面试官尊重，还能给面试官留下一个良好的印象。所以，这个“面子”工作你不但要做，还要做得精细、巧妙，这样你成功的机会才能更大。

曾有一名求职者前往一所学院应聘计算机教师的职位。面试时，这名求职者打上了领带，穿上了西装。面试过程很顺利，求职者过硬的专业知识让招聘老师欣赏不已。在决定是否录用这名求职者的过程中，有一位老师提出了异议：“你们注意到没有，这个面试者穿了一双旅游鞋。一方面，如此着装很不得体；另一方面，也说明此人很有个性，也许比较难管理。”由于当时学院急于用人，几天后，这名求职者就到学院正式上班了。接下来的事情却令人感到意外，人们发现，当初那位老师的话逐一成真。上班后，此人不拘小节，衣着随意。更要命的是，他个性十足，很难听进别人的意见。领导找他谈过几次话，但收效甚微，日子久了，领导只好请他另谋高就。

常常在面试场合见到一些奇装异服的人，有穿着吊带衫贴着文身贴的美女，有穿着肥大的宽腿裤、腰里别着大串钥匙的男生。其实，这都是面试时较典型的不和谐音符。人们常说，到什么山唱什么歌，根据应聘岗位的特点来着装也是应聘者成功的一大秘籍。

洋洋有满满一衣橱的衣服，从衣服的质地、款式，到鞋子、包包的搭配，她都非常讲究。这次她要应聘一家商贸公司的办公室文员，她开始犯了难：穿套装很优雅，穿休闲装很个性，穿运动装很舒服，穿裤子显得双腿修长，穿裙子显得身材窈窕，究竟该穿什么样的衣服呢？一位有经验的人士建议说，应聘文员穿着要显得优雅、美丽、精致，最好穿套裙，但要记住上衣要盖住腰部，裙子长不过小腿。洋洋打破砂锅问到底：“那衣服是色彩鲜艳点好还是淡雅点好？要不要化妆？可不可以喷香水？高跟鞋多高合适？……”

洋洋遇到的问题也是大多数应聘者感到困惑的问题，这里根据不同的岗位给大家推荐不同的着装方案。

行政类：服装风格以典雅为原则，首选套装，可给人以简洁、干练的感觉。

技术类：简单、素色、中性的西服套装是最佳选择，选择冷色调一般来说比较合适。

市场类：主要选择能够令人感觉舒服以及能够给人干练感觉的服饰。

会计与律师：比其他行业更需要简单、干练，应选质感佳且色调中性的服饰。

艺术类：兼具时髦与沉稳，有创意色彩。

女士尤其需要注意。女性的着装比较丰富，如果你应聘广告、设计、策划之类重视创意的职位，可以不必塑造过于沉稳、内敛的形象，个性的休闲装、形象鲜明的 T 恤、高档的丝质衬衣、颜色发白的牛仔裤等都是不错的选择。其他岗位则根据上面的建议有选择地穿衣。

妆容要和衣服搭配，这是最基本的原则。有时在面试现场可以看到个别女性的口红颜色是深红色的，但套装的颜色是浅色的，这种一冷一暖的色调当然是不和谐的。还有的人，眼影、腮红、口红颜色属于完全不同的色系，那张青春的脸就变成了“色板”，不但让自己丢了“面子”，而且让考官觉得有失庄重。最简单的办法就是口红、腮红、服装的颜色比较接近，眼影可略有差别，但不宜反差太大。香水也是如此，可以选择一些淡雅的味道，如果味道过于浓烈，连面试官都要捂鼻子，你想还能有好结果吗？

简单归纳来说，面试着装应遵循四个原则。

1. 着装必须干净整洁。如果着装不整洁，会给人留下很不好的印象，尤其是职场人士、医护等特殊职业。

2. 着装应符合潮流。不能太超前，也不能太复古。颜色不应过分鲜艳，款式不应太杂乱，更不能穿着太暴露，合身的正装最合适。

3. 着装应扬长避短。譬如一位短脖子的男性，穿无领衫比较好，不要穿竖领服装，这样有助于在视觉上拉长他的脖子。如果是一位长脖子的女性，就不要穿无领衫，因为这样会更加突出她的脖子长。

4. 着装应遵守惯例。所谓惯例，就是指一种成规，也就是众人的习惯，大众认可的规范。如果一位女性在应聘工作时穿着一件礼服，必然会给人不搭调的感觉。

这些礼仪知识，无一不是从细节方面来严格要求的。在了解了一些基本知识后，我们要做的就是，注重身边的每一处细节，把学到的东西应用到现实生活中。在面试中穿着“嫁衣”，给面试官留下得体的印象，有助于面试成功。

与主考官的第一个照面：无声胜有声的形体语言

这是一位著名女舞蹈家的真实经历：

她在 14 岁时，舞蹈技能已经十分出色，于是去一家专业剧团应试。考场设在练功房，考官们整齐地坐成一排。她进入考场后，茫然四顾，看到考官们后，她用手指玩着衣角，站在那里很不自然。主考官手执一枚大头针对她说："这是什么？""针。"旋即考官将针掷向地板，但实际上并未扔出，说："请把它捡起来。"女孩趴在地上认真寻找，终无所获，急得直掉眼泪。几分钟过去，考官说："考试结束，请叫下一名考生。"小女孩急得直喊："我会跳小天鹅，会演白毛女！"但无济于事，她还是被"请"出了考场。

几天后，经过专家的点拨和女孩的苦苦努力，她获得了补考的机会。在敲门得到应允之后，女孩推开门走进去，向考官们深鞠一躬，然后面带微笑地看着考官们。考试的题目是："请你把眼镜找出来，戴好。"小女孩心领神会，立即用自己熟悉的舞蹈"词汇"表现没戴眼镜时的彷徨、呆滞及找到眼镜后的喜悦。主考官面露喜色，示意她可以离开了。女孩再次深鞠一躬，然后说"谢谢"。转身出去时，她没有忘记轻轻带上门。从此，这位小女孩踏上了舞蹈事业的星光大道。

除了讲话以外，肢体语言也是重要的公关手段，主要包括手势、目光、身体姿势、面部表情等，它们在交谈中往往起着比有声语言更强大的效果。一个微笑的表情、一个恰当的手势、一个优雅端庄的坐姿，都会让你给面试官留下好印象。

在你和面试官见面时，你所有的行为都被他收入眼底，因此，礼仪在此刻显得尤为重要。要想在礼仪方面为自己加分，就要正确地使用形体语言，准确而恰当地表达自己的意愿，以得到面试官的认可，为自己多争取机会。需要注意的有以下几个方面：

1. 你坐对了吗？

即使一个简单的坐的动作，也能体现礼仪修养。面试官无非想看到一个内外兼修的优秀人才，那么你对他的尊重就是得体有礼地坐好。面带微笑地走进面试室后，在面试官做好所有准备工作之后，他的一声“请坐”就意味着你和面试官的交流开始了。此时第一道关卡开始了，坐下时应道声“谢谢”，这是很多人都会遗忘的事情。第二道关卡便是良好的坐姿。坐椅子时最好坐满 2/3，上身挺直，这样显得精神抖擞；身体要略向前倾，表示你对面试官很关注，你在聚精会神地听他说话。不要弓着腰，也不要总把腰挺得很直，这样会给人留下死板的印象。即使面试官看不到你的双膝，我也建议你膝盖并拢，双手自然地放在上面。跷二郎腿并不停地抖动、两臂交叉在胸前、把手放在邻座椅背上，这些动作都会给别人留下一种轻浮傲慢、有失庄重的印象。

2. 你看对了吗？

在和面试官打过招呼后，你的目光应该落在哪里？有人说，当然是看面试官了。回答正确！但这里还有一个问题，你是目不转睛地看着他，还是眼神四处飘忽不定，或者低下头做羞涩状不敢看面试官？答案是：看，并且要正视面试官，但不必总看着他的眼睛，你可以将视线不时停留在他的鼻子上，即所谓面部三角区内。要特别注意眼神的交流，这不仅是相互尊重的表示，也可以更好地获取一些信息，与面试官形成默契。回答问题前，可以把视线投在对方背后的墙上两三秒钟以便思考，开口回答问题时，应该把视线收回来。

3. 你笑对了吗？

有个女孩去面试，她秉承着微笑是礼貌的宗旨，从进门开始她就一直微笑，一直到最后离开，这种笑让面试官从开始的欣赏到后面变得很不自在。最后，面试官实在忍不住说了一句：“放松就可以，不必太紧张、太拘泥。”女孩顿时收住笑容，说：“我笑得脸都疼了。”

该笑时笑，不该笑的时候不要笑。微笑可以体现一个人的自信，也能为你消除紧张。面试时面带微笑会促进与面试官的沟通，会提高你的外部形象，改善你与面试官的关系。有调查表明：面带微笑的人，应聘的成功率远高于那些表情过于严肃的人。但也不能为了达到这个效果一直笑，因为时间一长会给人表情僵硬的感觉。也不要板着面孔，苦着一张脸，那样不能给人留下最佳的印象。对方说得对时，要微笑并且点头肯定，听懂对方的话时，笑一笑表示自己听明白了，一切都要顺其自然。

4. 你的手势表达对了吗？

人在说话的时候，都会自然地借助手势来配合表达。但如果一个人的手势过多，就会给对方留下轻浮、不稳重的印象，让对方看得眼花缭乱。交谈很投机时，可适当地配合一些手势，但不要频繁耸肩、手舞足蹈。有些求职者由于紧张，双手不知道该放哪儿，一会儿放在桌子上，一会儿放在裤兜里，一会儿背在后面，一会儿又抓耳挠腮，这些行为都不可取。手势不宜多，能够表情达意就可以。如果你把握不准的话，可以借鉴一些成功的案例，多学习学习。

语言的力量，让面试官对你更重视

如果说外部形象是面试的第一张名片，那么语言就是第二张名片，它客观地反映了一个人的文化素质和修养。

小李和小龚同时应聘某职位。向考官递上简历之后，小李很有信心地一再表示，这个岗位非他莫属，还有意无意地透露自己的父亲担任某公司的总经理等信息，同时小李不断地询问“是不是经常加班”“提供什么样的福利待遇”“上下班是不是有班车”等问题。而小龚的求职目标看起来不太明确，她表示愿意听从安排，还谦虚地问：“您看我适合干什么？”

从心理学的角度来看，一个人的言谈举止反映的是他的内在修养。不同类型的人，会表现出不一样的行为习惯。招聘人员在面试过程中通过对应聘者言谈举止的观察，可以了解他们的内在修养、内在气质，并以此来确定其是否自己需要的人。为获得一个理想的工作岗位，在面试中应尽量避免以下五种语言的使用：言过其实、自卑、自负、哀求和恭维。“我从原单位辞职，决定破釜沉舟，干一番大事业”，这样自负的话会吓到面试官；“我父母下岗，家里全靠我支撑，请给我一次机会”，这样哀求的话也不可取；过分谦虚自卑，会给人没有主张、懦弱胆怯的印象。语言能力的培养不是一蹴而就的，平时要在这方面留意，不断培养自己的思维能力、记忆能力和联想能力，提高语言表达的技巧。

为了争取考官的认可，应聘者除了要具备真才实学，能够发表真知灼见外，也要掌握表达的艺术，以此来获得考官的认可。考官提问时应聘者应注意听，抓住考官提问的要点，同时合理组织自己的语言。考官未说完，绝不能打断其话头，静待考官说完后再从容地发言。面试中，最能体现语言能力的三个问题以及应答技巧罗列如下：

1. 自我介绍。

自我介绍是很好的展现口才的机会，对这一问题你需要把握以下几个要点：

要突出个人的优点和特长，并要有相当的可信度。语言要概括、简洁、有力，不要拖泥带水，轻重不分。

要针对职位的要求展示自己的优点，可以适当引用别人的言论，如老师、朋友等的评论来支持自己的描述。

使用普通话。应聘者尽量不要用方言、土语和口头语，以免对方听不懂。

2. 压力类题。

有些面试官可能提出刁钻古怪的问题，不要胡乱揣测考官的目的，回答问题时应表现出理智、容忍和大度，保持风度和礼貌，和考官讨论问题的核心。平时多积累不同层面的知识，学会幽默，必要时一句幽默的话就会让面试官对你另眼相看。

3. 需要做解释的时候。

对于简历中面试官还不清楚的事情，他会单独提出来请你做解释。这时候，你需要简单客观地讲述事实，有理有据地告诉对方原委，清晰明了地表明自己的态度，当说则说，该断则断，这样会给面试官一个实事求是、敢于担当的好印象，无疑会推动面试结果朝理想的方面发展。

无论采用什么语言技巧和谈话方式，都要注意语言逻辑，应层次分明、重点突出，使自己的意思很自然地逐步表达出来；当不能回答某一问题时，应如实告诉对方，含糊其词和胡吹乱侃只会导致失败。

面试之后记得说感谢

一家公司的公关部招聘一位职员，许多人参加了角逐。公司的面试和笔试都十分烦琐，一轮轮淘汰下来，最后只剩下五个人。这五个人都很优秀，都有较好的外表条件和学识，都毕业于名牌大学。公司通知五个人先回家，等待公司最后的决定。

几天后，其中一位应聘者的电子邮箱里收到一封信，信是公司人事部发来的，内容是："经过公司研究决定，你未被录用。但是我们欣赏你的学识、气质，因为名额有限，实是割爱之举。公司以后若有招聘，必会优先通知你。你所提交的资料录入电脑存档后，将邮寄返还给你。另外，为感谢你对本公司的信任，将寄去本公司产品的优惠券一份。祝你开心。"

这个女孩在收到电子邮件的那一刻，十分伤心，但又为外资公司的诚意所感动。两天后，她收到了寄给她的材料和一份优惠券。她十分感动，顺手花了三分钟时间，给那家公司发了一封简短的感谢信。

两个星期后，女孩收到那家公司的电话，说经过经理层会议讨论，她已被正式录用为该公司职员。她这才明白，这是公司最后的一道考题。公司给其他四个人也发了同样的电子邮件，也送了优惠券，但是回信感谢的只有她一个。她能胜出，只不过因为多花了三分钟时间去感谢。

在面试结束后，不论结果是否如你所料，我们都应该对用人单位的人事主管抽出宝贵时间来与自己见面表示感谢，并且表示期待着有进一步面谈的机会。离开办公室时，应该站起身把椅子扶正，再次致谢后才可以出门。

在规模较大的招聘活动中，对于招聘者而言，要面对的面试对象往往很多，也正因为如此，某个求职者可能在面试现场并没有给招聘者留下特别深刻的印象，但事后来自这个求职者的得体的面试致谢可能一下子就让自己的形象在招聘者心目中变得清晰起来，这无疑会使求职者成功的机会大大增加。

怎样才能写好一封致谢信呢？

坚持手写。正因为现代化的通信工具很多，所以当一家单位的工作人员为你做了些事，或者竭力帮助了你的时候，没有什么能比你亲手给他写一封致谢信更有意义了。怀着感激的心情，花一点时间，想一想帮助你的人，用真诚的态度写一封亲笔信表达你的谢意，无论最后结果如何，都已经传递了你的感激之情。一封简短的致谢信也许只需要花费你几分钟时间，但是你因此得到的很多。人们会记住你的感谢，即使他们已经忘了曾经为你做过什么。

用高质量的书写纸。与其买一些印有“真诚感谢”之类文字的普通书写卡片，不如买一些高档的商务明信片，写上你的相关信息。对方会从你使用的书写纸的质量，来判断你的综合素质。

内容简短。致谢信不是写情书，不需要很长的篇幅，也不需要华丽的辞藻。感谢信的开头应提及自己的姓名及面试的时间，并对招聘人员表示感谢。感谢信的中间部分要重申对公司、应聘职位的兴趣，增加一些对求职成功有用的新内容。感谢信的结尾可以表示自己的信心，以及为公司的发展壮大做贡献的决心。

正确书写姓名和地址。给别人写致谢信的时候，最糟糕的错误就是写错了对方的名字或职务。因此在发出信件之前一定要仔细核对信息，确保信息的正确。

及时发出。在面试结束后一两天之内将你的致谢信发出，即使你觉得已经拖延了很长时间，也要发出你的致谢信，因为迟到的致谢总比没有表示要好。

沈明磊在人生低谷徘徊了很长时间，扭转他命运的是一封感谢信。当时他应聘度假村公关人员的职位，被要求去见销售主管、公关部主管和酒店的总裁。在面试的过程中，他用心观察每个人的办公室是如何装饰的。在进入销售主管的办公室后，他一眼就看到了销售主管那旧的高尔夫球杆，很明显，销售主管喜欢打高尔夫球。酒店总裁的办公室墙上装饰的是打马球用的马匹的照片，公关部主管则有一套黑白相间的瓷器奶牛。

面试之后，他去购物中心买了有马和高尔夫球图片的卡片，然后在每张卡片上写了致谢词，分别寄给酒店总裁和销售主管。至于那位公关部主管，他给她买了一个白色的拼图，并用带颜色记号的笔在拼图上写下了自己的名字。同拼图一起，他还写了致谢信来表达他的感谢，信纸上的图案是两只姿势不同的卡通奶牛。一周后，他被雇用了。

如果你特别想得到一个岗位，那么不妨像当初制作简历那样别出心裁地写一封感谢信，这样可以彰显个性，提升你的竞争力，毕竟感谢信也是需要创意的。只要你能想到，就一定能做到。只要能做到，就一定能得到！

不要过早地打听结果

对于求职者来说，面试后等待通知的时间是漫长的，有的人恨不得当时就有人告诉他“明天可以来上班了”，虽然这样的情况出现的可能性很小。还有部分求职者面试之后为了尽快了解自己的面试情况，过一两天就向公司打听结果。HR 表示，在一般情况下，考官组每天面试结束后都要进行讨论和投票，然后送人事部门汇总，最后确定录用人选，这个过程可能需要三五天。求职者在这段时间内一定要耐心等候消息，不要过早打听面试结果，否则你的下场很可能和肖楚一样惨。

肖楚毕业一年一直没有找到工作，随着时间的推移，他的心情越来越差。后来他在朋友的介绍下去一家企业面试，由于求职心切，面试结束后他就询问面试结果，人力资源部经理委婉地告诉他等几天就会有结果。可肖楚还是不甘心，他认为自己的资历绝对够，加上朋友本身就是这家企业的员工，所以胜券在握，于是几次追问，最后连人带简历都没有被接受。肖楚很不明白他做错了什么，用他的话来说就是：“我太想得到这份工作了，所以有些迫不及待，为什么就不能当场告诉我结果呢？”

要知道，现在一个岗位可能会有几百人去竞聘，在招聘没有结束时，就连人事部门经理也不知道谁会是最理想的人选，当场追问结果显然是不明智的行为，这样不但会让面试官认为你不够稳重，同时他还会对你能否胜任未来的工作产生怀疑。只有面试结束之后，面试官才能从众多的应试者当中筛选出理想人选。

一般来说，如果在面试两周后，或主考官许诺的通知时间到了，你还没有收到对方的答复，你就可以打电话或写邮件给招聘单位或主考官了，询问是否已做出决定。一是提醒一下招聘方，表示自己对这个公司很感兴趣；二是在面试官难以做出判断时，你的电话或信件可能为自己增加入选的机会。即使未被录用，你最好也能与主考官保持联系，这也是建立职业关系网的一个重要方式，很可能日后你仍有机会进入心仪的单位。电话要简短，最好不要超过五分钟，一是打电话可能干扰别人的工作；二是如果招聘方不便回答，可能陷于尴尬；三是会显得自己太急迫。

面试之后，回到家里，应该仔细回忆整个面试经过，对自己的面试情况做一个评估。面试成功与否并不是最重要的，最重要的是从上一次面试中学到经验，确保下次面试会更加出色。

你已经完成一次面试，但这只是完成了一个阶段。假如你同时向几家公司求职，则必须收拾心情，全身心投入第二家公司的面试，因为，在得到录用通知之前，仍不算成功，你不应放弃其他机会。

第一次面试后，假如你对这家公司感觉很好，并且自己也有比较大的把握进入第二轮面试，那么就应该积极为第二轮面试做准备。一般来说，第一次面试招聘方看的是整体素质，包括形象、教育背景、沟通能力和相关的经验等。如果觉得自己发挥不好，可以在给招聘公司的感谢信中说明一下发挥不好的原因，是生病了还是受了别的什么干扰，但不必大书特书，这样反而会加深别人对你面试发挥不佳的印象。

总之，心态上要坦然，尽力而为，量力而行，在每一个面试环节都尽可能给面试官留下良好的印象，追问面试结果或者走后门托人打听都是不够礼貌的行为。更糟糕的是，你很可能因为这些“小动作”而使得前面的努力功亏一篑！

隐性考验：你是否不卑不亢、冷静果断？

求职是用人单位和应聘者的双向选择，“求”是申请，而非哀求、请求。因此，求职者要有清晰的自我定位，以自己的专业知识、能力和才华打动面试官，赢得岗位。

第一印象对面试的过程和结果有着十分重要的影响。如你给人留下的第一印象不好，那么要改变这种印象将是很困难的。了解了考官的这一心理特征，我们就应当认真准备自己的应聘资料，尽可能让自己的缺点和不足被优点和特长所掩盖。当然，更不能因为自己的穿着打扮、面试开始时的举动而给考官留下糟糕的印象。

在回答问题的过程中，应注意语言表达。有研究表明，使用上扬语调易给听者造成悬念，提高他的兴趣，但若持续时间过长会引起疲劳。而降调能表现说话人的果敢决断，但有时也会显示他的主观武断。再比如语速，适宜的语速并不是从头到尾保持一成不变的速度和节奏，而是要根据内容的重要性、难易度以及对方的注意力情况，调节语速和节奏。

实际上，怎样说话除了取决于一个人的口才外，还和应聘者的心态有着直接的关系。面试其实是对一个人处世态度的隐性考验，在回答面试官提出的问题时，你的处世态度无形中就已经显露无遗了。你是骄傲自满还是不卑不亢，你是优柔寡断还是冷静果断，都会被面试官尽收眼底。建议大家不要因为对方是决定自己命运的一个关键人物，就在回答问题时故意讨好巴结。这种假惺惺的回答会让HR觉得你是一个虚伪的人，讨不到对方的喜欢。一些求职者经过了数次面试后，基本上了解了HR在面试中会提一些什么样的问题，一旦有开口的机会，就滔滔不绝，从自己的基本情况说到工作经历，再说到离职原因，最后说到个人脾性等，这样喧宾夺主的方式是不会让HR喜欢的。试想，HR还没问，你就把他要问的问题都说完了，那么你让HR还有什么能问的呢？有时候，HR看求职者这么能说会道，就干脆问一些非常刻薄和离奇的问题，一下子就把应聘者问住了。求职者要记住，自己是来争取工作机会的，不是来和HR唇枪舌剑的，给HR发“战书”可不是什么明智之举！

陈扬是个很聪明的年轻人，在面试官要求他介绍自己时，他这样说：“我不是一个循规蹈矩的大学生，因为我经常逃课，我常常跑去隔壁的华南理工大学听计算机的相关课程。大二时，我拿到了计算机中级程序员证书，大三时我拿到了高级程序员证书，加上英语四、六级证书，我共拿到了四张含金量较大的证书，这就是我应聘时的敲门砖。”一席话说得面试官心花怒放，不但显示出他是一个成熟乐观的人，还表明他是一个有理想并且为理想积极准备的人，公司需要的不就是这样的人吗？

要求求职者注意个人尊严，灌输求职要不卑不亢的观念，并不是要将自己凌驾于他人之上。凡事都要有度，分寸要掌握好。那么，如何在面试中做到不卑不亢、冷静果断，巧妙地处理好面试中的隐性考验呢？

进门有礼。得到允许进入面试室后，首先要鞠躬，然后走到座位前，等面试官讲“请坐”后道谢坐下，而且面对面试官要面带微笑。简短而连贯的几个动作已经悄无声息地告诉面试官：这就是独特又优秀的我！

谈吐文雅。当面试官问及你的姓名、年龄、受教育程度、特长、工作经历等问题的时候，要一一做出回答，回答要简短准确、清晰明了。

睿智幽默。在你进入面试室之前，先给自己几分钟时间想一想：如果你是面试官，你想要什么样的人才？这样一来，你就不会总是以“我”为中心，过度自我表现了。同样，对于比较敏感的薪资问题，也不要直截了当地说出数字，而要站在公司的角度去想一想，究竟怎样回答才是最好的。此时如果你只是溜须拍马，甚至编造一些谎言来敷衍面试官，无疑是自毁前程的做法。

面试结束，要首先感谢主考官以及公司给自己这次机会，把椅子放回原处，关门前鞠躬，再次表示感谢，随手关门。

这些都是最基本的礼仪要求，面试官对于你的综合修养以及人际交往的原则和底线就会摸得一清二楚，同时对你也做出最客观的评分。自然，这不是临阵磨枪能做到的，而是需要长期的积累和修炼！

第五章 办公室礼仪：
个人综合素质的竞技场所

审视自己：一入职，你就代表着公司的形象

从宣布你被录用的那一刻开始，你就面临着从学生到职业人的角色转变。从步入公司的那一刻起，你就需要有积极的职业心态及规范的职业化举止。因为从此时此刻起，你所有的行为举止都代表着公司的形象。

在很多人眼里，我为公司工作，公司发给我薪水，这是天经地义的事情；至于公司如何发展，与我没有任何关系，如果哪一天公司走向衰落，我换家公司就可以了。事实上，每一个员工和公司之间都是相互依赖的关系，因此在入职初期，一定要摒弃这种狭隘的观念。公司的发展不仅有利于老板，更有利于自己。谁都知道，从破产的公司里出来的求职者总是很难受到别人的欢迎，而从一家优秀的公司出来的职员会成为人人希望获得的人才。如果你愿意做后者，那么从进公司的那一刻起，就请把自己和公司紧密地联系起来。

人都有多面性，我们常常看到有些人在工作的时候俨然是一个正人君子，而一旦离开公司，立刻判若两人，做出一些令人无法想象的举动。还有一些人生活中习惯了被关注和追捧，到了公司后受不了一丁点委屈，要么好高骛远，要么矫揉造作。作为职场人，不仅要重新给自己的人生和角色进行定位，还要时刻维护自己公司的形象，不要

让别人这样说："××公司虽然有名，但那些员工的素质很低。"越是优秀的公司，员工越懂得维护公司的形象。无论在什么时候，你都应该想到这一点。

礼仪在其中发挥了很关键的作用。在工作中，如果员工时时处处按照企业的礼仪规范去做，不但有助于加强人们之间的互相理解，建立友好的合作关系，还可以增强企业的凝聚力。在现代企业中，每一位员工都要充分认识到礼仪对塑造企业形象的重要性，以令人赞赏的个人形象，树立良好的企业形象。

1. 员工的言行举止要符合礼仪的要求。

一个职场人得体的衣着打扮、言谈举止，会成为让公司大放光彩的"光环"，这种"光环"是否够亮，则取决于各种礼仪是否恰到好处。日本著名实业家松下幸之助本来不修边幅。一次，他去理发，理发师当场批评他不注重修饰自己的容貌："你是公司的代表，却如此不注意衣冠整洁，让别人怎么想？连老板都这样邋遢，你想公司还会好吗？"自此，松下幸之助开始注意自己的衣着打扮和在公众面前的仪表。今天松下产品驰名天下，这与它的创始人松下幸之助的表率作用和严格要求员工懂礼貌、讲仪表是分不开的。

2. 要求员工遵守礼仪可以规范企业内部的言行。

一个公司要想使全体员工团结协作，提高工作效率，保质保量地完成任务，规范礼仪是一项必不可少的内容。谁都能想到，几千人穿着统一的制服，大家彼此说话客气，工作认真，会在无形中提高企业的生存和发展能力。反之，如果员工不能遵守礼仪，冲突、矛盾增多，就不可能很好地协作配合，遇事则会推诿扯皮，不仅会降低工作效率，而且会影响企业目标的实现，甚至危及企业的生存。

有一次，一家外地客户到某制药厂参观，刚到这家企业工作的小胡陪同参观。自始至终，双方洽谈得很顺利。但到厂区后，小胡忽然一口浓痰涌上喉咙，憋不住了，他就将痰吐在了厂门口。客户看到这一情形，感到很厌恶，马上提出收回投资承诺。事后，客户给企业老总写了一封语重心长的信："虽然我对您的公司还不太了解，但看到您的员工这样没有修养，很难想象您的产品会有多大的质量保障。制药是为了治病救人，而您的员工如此不讲个人卫生，请原谅我会怀疑您的产品。"

3. 员工良好的行为是对企业形象的宣传。

人们往往会从某一个职工、某一件小事情上，衡量一个企业的可信度、服务质量和管理水平。职场人的行为符合礼仪，会使公众认同企业，对企业产生信任和好感，提高企业在社会上的地位和声誉。可想而知，如果每一个员工都能够做到着装得体、举止文明、彬彬有礼、谈吐高雅，那么这家企业就会赢得社会的信赖、理解和支持。反之，如果员工言语粗鲁、衣冠不整、举止失度，待人接物冷若冰霜或傲慢无礼，就会有损企业形象。该企业就会失去顾客，失去市场，在竞争中处于不利的地位。

对于一名员工来说，具有良好的礼仪修养、积极的工作态度、文明的语言、规范而高效的工作方法，对他快速融入企业将起到不可忽视的推动作用。个人态度与职场礼仪往往决定了一个人的发展前景。一个懂礼貌、举止得当，能够与同事融洽相处的人肯定会得到领导的认可。从另一个角度说，任何一个人都不会喜欢无礼的同事，任何一家求发展的公司都不愿意招聘这样的员工，以免有损公司的形象。

进出房间：应允而入，礼貌而出

看似不起眼的礼仪细节，无时无刻不体现着一个人的综合素质。

沈阳去副总办公室送文件，房门虽然虚掩着，他还是习惯性地敲了三下，并朗声问道："凡总在吗？"连问了好几声，里面传出声音："进来。"沈阳进去，看到凡总正躺在沙发上看报纸，他的姿势很不寻常：头朝下，两腿高举在沙发靠背上，典型的倒竖蜻蜓姿势。沈阳觉得有点别扭，礼貌地告诉对方文件放在桌子上，就出来了，并轻轻把房门关上。

中国是一个有着五千年文明的礼仪之邦，事无大小，皆有礼仪规范可循。进出房门是有很多礼仪细节需要注意的，首先是"将入门，问孰存""人问谁，对以名"。也就是说，进入他人的房间前一定要先敲门，敲门时一般用食指有节奏地敲两三下即可，确定里面有人并且得到应允之后才能进门。进出房门时，开关门的声音一定要轻，砰砰砰地开关门是十分失礼的，而且不能用肘推、脚踢、臀拱、膝顶等。年轻人行为比较随意，最常见的是人还没到，脚先到了，用脚或者胳膊肘推开门，然后用脚带上门。在家里可以这么做，但在办公室一定要注意自己的行为举止，做到符合礼仪规范。

房门开关时，你还需要配合相应的手势。房门的把手在右侧时需要用左手开门，把手在左侧则需要用右手开门。当你引领一位重要的人物进出房门时，应该手拉门请对方先进，手推门自己先出，并做相应的指引手势，这样可以为对方开路，以免发生意外，也会显得彬彬有礼。另外，当房间里面有人时，进出房门，都应该正面朝向对方，用你靓丽的面容面对别人，而不是留下一个背影，令人"浮想联翩"。

如果与同级、同辈者进入，要互相谦让一下。走在前边的人打开门后要为后面的人拉着门，最后进来的人应主动关门。如果与尊长、客人进入，应当视门的具体情况随机应变。如果门很宽阔，当然要请长者、女士、来宾先进入房门。要是需要开关房门，门又不是很宽，需要根据房门的开关方向来确定谁先行。一般有下面三种情况：

朝里开的门。如果门是朝里开的，秘书应先入内拉住门，侧身再请尊长或客人进入。

朝外开的门。如果门是朝外开的，秘书应打开门，请尊长、客人先进。

旋转式大门。如果陪同上级或客人走的是旋转式大门，应自己先迅速过去，在另一边等候。

无论进出哪一类的门，你都应该在接待引领时，“口”“手”并用而且做到位，比如一边做着手势一边说“您请”“请走这边”“请各位小心”等提示语。

如果你抱着资料要出门，正好遇到有人要进门，不管着急不着急，你都应该侧身让对方先进来。公司是公共场所，在进出房门的时候，最好不要做出任何毫无必要的动作，如果猛然挥手、踢脚蹬腿等，估计会有无辜的人遭殃。和人交谈的时候，切记调低音量，能让对方听清楚就行了，不要大喊大叫。

另外，若不是万分必要，不要在办公场所与人拉手、挽臂、勾肩、搂抱而行。进出门时如果你随身携带东西，最好将东西抱在身前，或以一只手提拎。

总之，细节决定成败，细节也体现着一个人的修养和内涵。即使是进出门这样的细节，也不要忘记给别人留下一个良好的印象。

递交和接受物品：态度谦和，但不能行为随便

小小的举止动作，最能体现一个人的修养。一个简单的递物动作也承载着世间万象。有一句话说，做人要不拘小节，但是做事一定要注意细节。注重细节的人，才有把事情做对、把工作做好的能力。那些不注重细节的人，则会因百分之一的失误导致百分之百的失败！一个细节可能导致我们的工作全盘瘫痪，所谓“千里之堤，溃于蚁穴”就是这个道理。100 减去 1 等于多少？你也许会觉得这个问题简单到连幼儿园里的小朋友都知道，但是在某些情况下，它的答案是 0！难道不是吗？航天飞机上有成千上万个零部件，一个小小的零件发生故障，就会导致全盘失败。

在一家外资企业的办公室里，合作双方洽谈得很愉快，产品满意，价格合适。就在双方准备签合同的时候，一个男孩随手将合同递到客户手里，因为递得仓促，合同散落了。看到合同纷纷扬扬地洒了一地，客户的脸阴沉下来，于是谈判了三天的成果毁于一旦。这个男孩的脸红到了耳根，这时候，他知道无论采取什么方式都不可能挽回客户的心了。

那么，在办公室传递物品的时候，都需要注意什么呢？

递交文件或图书杂志。在工作中，如果你需要向对方递交文件或者图书杂志，应该使文字的正面朝着对方，不可倒置。

递交名片。双方相识以后，应互相交换名片。当下级给上级、晚辈给长辈递名片时，一定要双手恭敬递上。递交时应该将名片的正面指向对方，以方便对方观看。

递送茶杯的时候应该左手托底，将茶杯把手指向客人的右手，双手递上。

递送饮料、酒水时，应将商标朝向客人，左手托底，右手握在距离瓶口三分之一处。

在递送笔、刀剪之类的尖利物品时，需要将尖头朝向自己。

递送水果刀时，应双手托住刀身，刀刃朝向自己，刀把朝向对方。

如果传递的过程中物品不慎落地，那么要先蹲下捡起物品，然后双手将物品递交给对方。

无论传递什么物品，态度都要谦和，记得面带微笑，同时搭配语言，“程总，这是您要的资料”“这是水果刀，请您拿好”“这是我的名片，认识你很高兴”之类。

应该注意的是，越是正式庄重的场合，越是不够熟悉的人之间，越要讲究礼仪。与外宾打交道，递接物品可先留意对方是用单手还是双手递接，随后再跟着模仿。因为在泰国、印度、马来西亚和中东等地，人们都用右手拿东西，忌用左手，给别人递东西也都用右手以示尊重。他们认为左手是用来洗澡、上厕所的，是不干净的。日本人则喜欢用右手送自己的名片，左手接对方名片。

接物品的方法：

接奖状。如果你荣幸地成为公司年度优秀员工，在颁奖典礼上，要用双手去接奖状，行鞠躬礼后，面朝台下，将奖状高举过头向大家展示，然后双手拿好奖状贴在胸前。

接物品。当对方向你递交物品时，一定要双眼看着对方，面带微笑地接过物品，拿到物品时，别忘记说声“谢谢”。

递交物品时还需要注意几个细节，我总结为八字方针，即稳妥、到位、卫生、自然。

稳妥：手持物品时，可根据其重量、形状以及易碎与否，采取不同的动作。既可以使用双手，也可以只用一只手，最重要的是轻拿轻放，确保物品的安全，防止伤人伤己。

到位：有不少物品，在需要手持时，应当将手置于一定的位置，这就是持物到位的含义。例如，在给客人递送茶水时，不能因为没有端好茶杯而使茶杯落地或者使茶水洒出来，这是不礼貌的。

卫生：持物时，还要注意卫生问题。为人取拿食品时，切忌直接下手。敬茶、斟酒、送汤、上菜时，千万不要把手指搭在杯、碗、碟、盘边沿，更不能使手指浸泡其中。

自然：手持物品时，可依据本人的能力与实际需要，酌情使用拿、捏、提、抓、扛、夹等不同的姿势。不过，一定要避免在持物时手势夸张。

一递一接中，体现的都是对别人的尊重和个人的修养。在礼貌中完成物品的递接，无疑会为你的职场生涯增添一道美丽的风景。

接听电话：态度热情，措辞温婉

几乎对每一个人来说，接电话都是工作中的重要内容。不过，很多人并不懂得接电话的礼仪。我们时常听到有人这样接电话：“喂，喂”“你找谁”“你有什么事，他不在，你过会儿再打过来”，这种毫不客气、张口即来的接电话方式，谁听了都会感到反感。

你有没有下列行为：

在通话过程中，你有没有对着话筒打哈欠或者吃东西，是不是还在和别的同事一边聊天一边接电话？

通话结束时，你有没有抢先挂电话？

遇到不相识的人没完没了地打电话，你是委婉拒绝还是粗鲁制止？

……

这些都是我们需要在职场中认真对待的问题。来看一下小刘是怎么接客户电话的。下面是接电话的内容：

小刘：这里是时光公司，您好！请问您找谁？

客户：请问高总在吗？

小刘：请问您是哪里？

客户：我是台湾林宇公司。

小刘：麻烦您稍等，我帮您看看他在不在。

客户：谢谢您！

小刘：您好，很抱歉，高总出去还没回来呢！请问您有什么事需要我转告他？

客户：麻烦您帮我转告高总，录像带的脚本我已经发到他的邮箱中，请他回来看看有没有需要修改的地方。

小刘：好的，我会转告高总，您已经把脚本送过来了。

客户：谢谢您！

小刘：不用客气!

客户：再见!

整个对话令人听起来非常舒服，毫不夸张地说，冲着小刘的文明礼仪，客户一定会对这家公司产生好感，这将对两家公司接下来的合作起到非常好的铺垫作用。假如你也像小刘一样，在办公室里需要接电话，那么你该怎样做才能提升自己的形象和企业的魅力呢？你需要做好下面几点：

1. 注意声音和表情。

通话过程中，对方会“看”到你的表情，你的声音是愉悦还是淡漠、语调是傲慢还是谦虚，对方都感觉得到。因此，养成礼貌用语的习惯，可以让对方感到轻松和舒适。在你接起电话的那一刻，就要调整好自己的声音和表情，声音好听，并且待人亲切，会让客户产生亲自来公司拜访的冲动。切记，在接听电话的过程中不要暴露出自己的坏心情，也不要因为自己的声音把公司的金字招牌践踏在脚底下。

2. 随时准备做好记录。

由于是办公室来电，在与客户进行沟通的过程中，往往需要做必要的文字记录。来电的详细信息都要做相关记录，以便以后查阅。

3. 响过两声之后再接听电话。

年轻人大都性子急，经常电话刚响起或者响过一声就接起，这时很可能因为信号不好而断线，对方不得不再次拨通电话。通常，应该在电话铃声响过两声之后再接听电话。如果电话铃声响三声之后仍然无人接听，客户往往会认为这个公司的员工精神状态不佳。

4. 礼貌地自报家门。

在电话接通之后，接电话者应该主动向对方问好，并立刻报出本公司或部门的名称，如：“您好，这里是 ×× 公司……”很多刚步入职场的年轻人放不下身段，经常拿起电话张口就问：“喂，找谁，干吗……”这是很不礼貌的。试想，如果你给对方打电话，对方这样粗鲁地答复，你会是什么心情？要提高自己的修养，彬彬有礼地向客户问好。

5. 确定来电者的身份和姓氏。

接电话自然要知道这个电话是谁打来的，要确定来电者的身份，是上司还是客户，抑或是同事的某个朋友？电话是沟通的重要途径，很多规模较大的公司的电话都是通过前台转接的，如果接听者没有问清楚来电者的身份，在转接过程中遇到问询时就难以回答清楚，从而浪费了宝贵的时间。在确定来电者身份的过程中，尤其要注意给予对方亲切随和的问候，以避免对方产生不耐烦的情绪。

6. 确定对方来电的目的是什么。

电话的接听者应该弄清楚以下问题：本次来电的目的是什么？是否可以代为转告？是一般性的电话推销还是重要的业务来往？公司的每个员工都应该积极承担责任，不要因为不是自己的电话就心不在焉。

7. 复诵来电要点。

电话接完之前，先别着急挂电话，向对方重复一遍来电要点，防止记录错误或者有偏差而带来误会，可以使工作的效率更高。例如，应该对会面时间、地点、联系电话等各方面的信息进行核查，尽可能地避免错误。这样就会给对方留下一个认真严谨的好印象。

8. 别忘记道谢。

来者是客，客人为尊，千万不要因为是电话而不是直接面对客户就忽视了最后的道别礼仪。无论是上司还是客户，都是和你息息相关的人，你的一句礼貌的道谢或许会收获一个好朋友，或许会赢得一个晋升机会，或许会给公司带来一个大的订单，都是双赢的事情。于公于私，你都应该对来电者心存感激，向他们道谢和祝福。

9. 让对方先收线。

这是一个明文规定，不管你是在制造行业，还是服务行业，在打电话和接电话时都应该牢记让对方先收线。因为一旦你先挂电话，对方一定会听到“嘟嘟”的声音，这会让客户感到很不舒服。因此，在电话即将结束时，应该礼貌地请对方先收线。

10. 避免将电话转给他人。

自己接的电话尽量自己处理，只有在万不得已的情况下才能转给他人。这时，你应该向对方解释一下原因，并请求对方原谅。例如，你可以说："关于这件事，我们很快会派人跟您联系的。"在你做出这个决定之前，应当确定对方愿意你将电话中谈的事情转给他人处理。

11. 避免电话中止时间过长。

有些人打电话啰里啰唆、没完没了，简单的一件事情说一个小时也说不完。遇到这种情况，你可以委婉地提醒对方。如果你在接电话时不得不中止电话而查阅一些资料，你可以有礼貌地询问对方："您是稍候片刻，还是过一会儿我再给您打过去？"

接听工作电话的礼仪，是每个职场人都需要了解的。否则，极有可能错失重要的商业信息，并让你的上司对你的能力产生怀疑和不满。如果因此而错过一个大的订单，你的职场生涯或许会面临一段时间的中断，因此必须认真对待、礼貌接听。

一张办公桌决定着你的升迁

尽管很多公司都会不定时地组织大扫除，但办公环境尤其是办公桌卫生的保持，更多地还是靠平时每个人自觉地整理。很多人总是要等到某次检查或逢年过节时，才下定决心收拾一下。但成果很难保持，时间一长，就又变得杂乱了。

在很多人看来，办公桌是否整洁不是什么大事。事实上，办公桌的卫生更能体现一个员工的素养，是否整洁甚至可能会影响个人升迁。

一个人的办公桌如果干干净净，东西摆放有序，那么这个人处理事情一定也是有条不紊。如果他总是乱丢乱放，那他工作起来也会很混乱，责任心不强，而且做事难以持之以恒，容易虎头蛇尾。如果办公桌过于干净整洁，一尘不染，一丝不乱，就反映这个人是个严谨的人，同时也有点敏感。如果稍微乱一点，但整个布局不乱，则说明这个人有些不拘小节，宽容度高，是个很容易相处的人。

有些职场新人刚从大学宿舍走进写字楼，很多习惯还没改过来。有些人则把办公桌凌乱归结于工作太忙或者压力太大。无论是什么情况，一张凌乱不堪的办公桌终究会给领导留下一个不好的印象，何况，收拾办公桌并不是什么浩大的工程，只需要每天抽出一点时间，稍做整理就可以。

桌面干净了，无用的东西丢掉了，再摆放几盆绿色植物，人的心情会瞬间好起来。好比一台电脑，要想让它高速有效地运转，就需要不定时地清理垃圾文件。当你能够正确认识这件事时，那些疲劳和压力就不会再成为借口，因为你更向往那份整洁带来的愉快和轻松。

那么，怎样使你的办公桌椅保持整洁有序？请你抽出一点时间，照着下面说的做：

一、办公椅定置标准

1. 人离开办公室（在办公楼内），办公椅原位放置，无须推进；

2. 人离开办公室短时间外出，办公椅半推进；

3. 人离开办公室超过四小时或休息，办公椅完全推进。

二、文件资料定置标准

1. 文件资料的摆放要合理、整齐、美观；

2. 各类资料、物品要编号，摆放应符合定置图中的要求，做到号、物、位、图相符；

3. 定置图要贴在文件柜内；

4. 保持文件柜内清洁整齐，随时进行清理、整顿。

三、办公桌定置标准

1. 定置要分门别类，分出哪些物品常用，哪些东西不常用，哪些东西天天用；

2. 物品摆放遵循顺手、方便、整洁、美观的原则，这样有利于提高工作效率；

3. 与工作无关的物品不要放在办公桌内；

4. 桌面定置的参考：中上侧摆放台历或水杯（烟缸）、电话等；右侧摆放文件筐（盒）、等待处理的管理资料；中下侧摆放须马上处理的业务资料；左侧摆放有关业务资料。

由此看出，办公桌的整理并非无章可循。为了能够给别人留下一个良好的印象，为了提升个人和企业的形象，请你为自己打造出一张有个性而整洁的办公桌。也许只看了一眼，总裁就会把下一个晋升机会留给你！

有些陋习会毁了你

很多职场新人对办公室的禁忌没有很明确的认识，实际上，了解办公室禁忌是非常有必要的，因为公共区域与个人的空间有着本质性的差别。在宿舍或者家里，你可以趿拉着拖鞋，甚至光着膀子自由走动，但在办公室不能这样。和亲朋好友在一起你可以口无遮拦，但是在上司、同事面前则一定要注意说话、做事的分寸。别人未必与你有着同样的生活习惯、同样的爱好，所以那些有毁形象的陋习在办公室一定要避免。

在办公室里，谁都不喜欢听到牢骚话。如果你大放厥词，口无遮拦地对事对人进行猛烈抨击，有人会认为你是在含沙射影、指桑骂槐，有人会觉得你古怪冷漠，有人会认为你难相处。虽然你是在表明自己的爱恨，但实际上是在孤立自己。经过办公室历练的人，都会把握“说古不说今，说外不说中，说远不说近”的原则。

还有一些陋习是天长日久形成的，比如在办公室里，有些员工喜欢转动笔来玩，你问他们有什么特别的意思，他们会说：“没有特别的用意，习惯而已。”上学时，很多人因贪玩、有趣，养成爱转笔的习惯，可这个不经意的动作，很容易让老板认为你无聊、幼稚和浪费工作时间。还有些人总是迟到，你要求他每天早起半个小时，他一边答应着，一边照常迟到。有些人喜欢说闲话，虽然那些闲话无伤大雅，可如果你花太多的时间与同事聊天，就会给对方留下一种无所事事的印象，同时大家会因为你的长舌而疏远你，因为他们担心哪天自己的隐私会从你的嘴里传出去。

类似这样的陋习有很多，因此一定要严于律己，尤其是职场新人。如果发现自己身上有不好的陋习，请迅速改正，避免给别人留下不好的印象。总的来说，办公室陋习有以下几种：

1. 破坏安全距离，令人不舒服。

都说距离产生美，这是因为彼此之间有了一定的距离，大家就都有了隐私空间和心理上的安全感。如果互相走得太近，超越了人与人之间的安全距离，就会让对方产生不适感。

松娅的上司是个热情开朗的女人，她四十出头，做事能力强，为人善良宽容，深受大家爱戴。唯一让松娅不舒服的是，这位女上司在和下属沟通的时候喜欢离得非常近，她要么一边说，一边伸手摸摸同事的胳膊，要么会凑得很近，仿佛在说一个天大的秘密。有一次，松娅正在处理海外传过来的文件，忽然女上司的脸出现在距离她三厘米的地方，松娅着实被吓了一跳。只见女上司笑着对松娅说："来，到我办公室里来，我们针对下面的项目谈一谈。"

说这番话的时候，松娅清晰地看到她脸上的斑和皱纹，还能闻到她口腔里的韭菜鸡蛋味。

2. 贪小便宜。

那次，小吴去深圳出差了，碰巧单位里急需一份资料，但文件柜的钥匙只有小吴有。情急之下，老总让撬开文件柜。这一撬开不要紧，大家大吃一惊，只见里面整整齐齐地放着打印纸、饮料，还有之前单位发的各种福利品，甚至连大家莫名其妙消失的护手霜之类的小东西也出现在文件柜里。从那以后，老总就安排小吴到基层单位去做一份很普通的工作了。

有些小东西确实不值钱，多一个少一个都无所谓，可是如果大家发现你连这些小东西都喜欢"招揽"的话，难免会对你产生怀疑。如果一个人在职场中无法赢得别人的信任，那么他是毫无前途可言的。

3. 不负责任的人很难受欢迎。

办公室是工作场合，不同的人、不同的岗位各有其职责。可是有一些人不知道自己上班该做什么，或者无视工作任务的存在，最后给自己造成负面影响，也给公司带来不同程度的损失。

办公室里有个小姑娘，刚毕业不久分配到我们部门，也许因为年龄小，也许因为被家人宠爱惯了，她的责任意识非常差。大家都知道，新闻的时效性很强，同行间的竞争也很激烈，谁先抢到谁就能赢得关注。那次，领导要一则国外来稿，那篇稿子正好是她负责的。我去向她要的时候，她正忙着刷微博，问到稿子时，她眨着眼睛，天真地看着我说："我不知道呀。"我差点被她气晕！这样的错误一次两次已足够致命，可她依然故我，丝毫不当回事。

公司是讲究效率的地方，没有效率就没有利润，没有利润就无法生存。作为一个职员，对自己的工作负责是最基本的义务，如果连这点都做不到，我不知道她还有什么前途可言。

总之，办公室不是私家后花园，无拘无束、我行我素是不行的。千万别把这些陋习带到办公室里来，否则很可能会断送你的前程。

乘坐电梯要懂礼让

随着城市的发展，电梯已经成为人们日常工作和生活中离不开的工具，关于电梯的礼仪，你知道多少？经过仔细观察，我发现很多人对于电梯礼仪并不熟知，下面的这些情形在你我身边比比皆是：

很多人拥挤在电梯口，不时有人着急地按按钮；

电梯关门时，有人强行扒门或者挤入；

电梯超载时，还是会有人进来，并且心存侥幸，认为多一个人也可以运行；

进入电梯后，有人背对着电梯门；

在电梯运行过程中，有人交头接耳甚至大声喧哗，有人对着电梯的镜子补妆涂口红；

遇到电梯无人或者少人的时候，在电梯墙壁上乱涂乱写，将电梯当成涂鸦墙；

遇到老人、小孩或者女士时，丝毫不懂谦让，自己先行而入，并占据有利地位；

带着宠物进电梯，并让宠物在电梯里四处走动；

……

在中国，身在职场的你应该懂得电梯礼仪，这样才能提高自己的修养，做一个文明礼貌的现代人。

那么关于乘坐电梯，有哪些礼仪需要我们掌握呢？

男士应该主动按电梯键；电梯门开启后，男士应该用手挡住电梯门，让女士先进；进电梯后，男士应站在按键旁边，应该问女士到几楼，得到答案后帮忙按楼层键。

靠电梯最近的人先上电梯，然后为后面进来的人按住“开门”按钮；出去的时候，靠电梯门最近的人先走。男士、晚辈或下属应站在电梯开关处提供服务，并让女士、长辈或上司先行进入电梯，自己再随后进入。

如果你是一位接待人员，经常接待尊贵客人，那你还必须牢记，电梯里也有上座和下座之分。所谓上座，就是最舒适、视野最好、最尊贵的位置。越靠里面的位置，越尊贵。上座是电梯操作板之后最靠后的位置，下座就是最靠近操作板的位置了，因为这个人要按楼层的按钮。世界上很多国家都遵守这个约定。

接送客户时，你作为陪同人员一定要注意先后顺序。站在电梯口，你要先按电梯按钮。电梯门打开时你可先行进入电梯，一手按“开门”按钮，另一手按住电梯侧门，礼貌地说“请进”，等客人们或长辈们进入电梯轿厢后，再按“关门”按钮。电梯里如果遇到熟人可以短暂地寒暄一下，站立的时候尽量侧身面对客人，背对着客人是极不礼貌的。

需要注意的是，在工作场合，尤其是写字楼内，我们常常看到一些不和谐的情形。比如，电梯关门的时候，有的人使劲用胳膊扒开门，强行挤入。在电梯超载时，靠近门口的人依然站在那里纹丝不动。电梯门没有关的时候，不停地按“关门”按钮。

还有的人缺乏公众意识，经常拎着体积巨大的物品进电梯，他的东西一放下，基本上一半以上的空间就被占满了。或者提着一些有腥味的东西，使得整个电梯里都弥漫着一股味道。如果真的需要那么做的话，不妨单独乘坐下一趟电梯，或者直接乘坐货梯，这样对己对人都好一些。

如果你要接待外宾，还要注意电梯礼仪在不同国家的不同要求。例如，美国人进入电梯后，习惯反复按“开门”键等人，直到确认无人进电梯，才会松开“开门”键。不过，没有人会去按“关门”键，因为在美国人心里，一进电梯就按“关门”键的人粗鲁、刻薄。

生活中处处皆学问。只要你留心，每个细节都是礼仪的体现。当你将得当妥帖的礼仪带到职场中时，不但可以赢得别人的尊重，也可以为自己拓展更广阔的空间。

位置和顺序大有文章

在中韩合资企业工作的米拉最近有一个困惑。她将要接待一个外国代表团，这几天她一直在琢磨陪同外宾时如何坐车，领导会见时客人坐哪边，宴会时主人和客人的位置该怎么安排等问题。这不但涉及礼仪，而且属于涉外礼仪，丝毫马虎不得。

对于大多数职场人士来说，位置和顺序是工作中经常遇到的问题，开会谁该坐哪儿，吃饭哪里是上座，集体合影时位置应该怎么排，同行时领导要走哪一边等，职场中人都应该了解并且熟记于心。

关于位置和排序问题，中国的传统做法是以左为尊，但在涉外礼仪中，我们则要遵循国际上通行的做法——以右为尊。比如，宾主合影时，主人应位于客人的左侧。再比如，并排悬挂两国国旗时，以国旗的自身面向为准，来访国国旗挂右侧，东道国国旗挂左侧。在人数较多的情况下，还应掌握“居中为上”“前排为上”的原则。

其他顺序具体如下：

1. 吃饭时的座次顺序。饭桌的主座一般是门正对的座位，然后其他人按照职位高低坐在两边，一般是左高右低。在排列涉外宴会的席位时，如果只设两桌，一般以右桌为主桌。以面对宴会厅正门的位置为主位，由主人就座。主宾应安排在主人的右侧。

2. 行走时的顺序。在并排站立或行走的时候，为了表示礼貌，主人理应主动居左，而请客人居右。男士应当主动居左，而请女士居右。职位、身份较低者应当主动居左，而请职位、身份较高者居右。

3. 开会的顺序。开会的时候，如果主席台上的人数是单数，中间的位置就是主座，最重要的人坐主座，两边左右对称，按左高右低的顺序往两边排。如果主席台上的人数是双数，中间的两个位置中，左面的是主座，右边坐次要人物，然后往两边延伸，也是按左高右低的原则排序。

4. 介绍的顺序。在职场中遇到需要介绍人的情况时，要先将年轻人介绍给年长的人，先将职位低的人介绍给职位高的人，先将男士介绍给女士。如果职位低的女士与职位高的男士在一起，那么应先将职位低的女士介绍给职位高的男士。如果职位低的几个人当中又有职位的高低之分，就要先介绍几个人当中职位相对低的人。有些人习惯先介绍领导，认为这是对领导的尊重，其实是不对的，应该先让领导知道面前的人是谁，然后才能把领导的职位身份公开给对方。还有一种情况，在人多且身份比较杂的情况下，只介绍领导，其他人都不用介绍了。

5. 握手的顺序。握手时要遵循一个原则：职位低的人不要主动与职位高的人握手；晚辈不要主动与长辈握手；男士不要主动与女士握手。如果是职位低的女士遇到职位高的男士，职位低的女士不要主动与职位高的男士握手。职场新人一般都是职位低的晚辈，所以不要主动与别人握手。

看似简单的位置和顺序，实际上体现的是尊重和被尊重，只有了解了职场中的位置和顺序，你才不会犯错，才会给别人留下一个懂事懂礼的良好印象。

第六章 特殊场合礼仪：成功地做一个社交多面体

舞会礼仪：邀人共舞彬彬有礼，翩翩起舞注意分寸

舞会已经成为现代必不可少的交际方式，人们可以在舞会上拓展自己的人脉。在优美的乐曲、美妙的灯光、高雅的舞姿的衬托下，人们不仅可以获得自我的放松，还可以联络老朋友，结识新朋友，进一步扩大自己的社交圈。

参加舞会时，除了欣赏音乐和体会舞蹈的优美之外，必要的礼仪也必须遵循。最基本的是个人的仪容，比如参加舞会的人应提前沐浴，整理好自己的发型，男士务必要剃须，女士如果穿短袖或无袖装须剃去腋毛。特别需要注意的是，因为跳舞时双方距离比较近，因此，要格外注意自己的口腔卫生。如果恰好你患有感冒或者其他传染病，最好不要参加舞会。否则，不仅有可能传染给别人，还会影响大家的情绪。

舞会大都于晚间举行，灯光不会太强烈，女士的妆可以化得浓一些，但切勿过于追求个性，最后搞成了怪诞，令人咋舌。服装也是如此，干净、整齐、美观、大方即可。在舞会上，通常不允许戴帽子、墨镜，或者穿拖鞋、凉鞋、旅游鞋。在较为正式的民间舞会上，一般不允许穿外套、军装、警服、工作服。穿的服装过露、过透、过短、过小、过紧，动不动就有可能让自己“春光外泄”，也不合适，而且

不庄重。

这里着重介绍舞会中邀请他人共舞时的礼仪规范，从几个不同的角度分别阐述。

1. 常规

在舞会上，邀请舞伴跳舞时应该遵循常规礼仪，太过另类就会失敬于人，或者令人笑话。比如，请舞伴时最好是邀请异性，也就是男士邀请女士、女士邀请男士，要是两个男士或者两位女士亲密地一起跳舞，难免会惹来异样的目光。由谁发出邀请也是有讲究的，大多数情况下都由男士去邀请女士，女士可以拒绝，也可以欣然应邀，但女士邀请男士的时候，男士不宜拒绝。

依照惯例，在舞会上一对舞伴只宜共舞一支曲子，一曲结束之后，需要通过交换舞伴去扩大自己的交际面。舞会上的第一支舞曲，一般由男士邀请与自己一同前来的女士共舞。如有必要，他们二人还可以在演奏舞会的结束曲时再同跳一次。

2. 方法

跳舞是一个令人轻松愉悦的过程，在邀请他人共舞的时候，千万不要勉强对方，尤其是不要出言不逊或者与其他人争抢舞伴。邀请他人跳舞，一般有两个方法可行：一是自己主动上前邀请舞伴。可先向被邀请者的同伴含笑致意，然后再彬彬有礼地询问被邀请者：“小姐，我能否有幸请您跳一次舞？”如果双方不太熟悉的话，或者你对所邀请的舞伴把握不是很大的时候，可以请一位彼此相熟的人牵线搭桥。无论采取哪种方式，如果在你邀请到对方之前已有他人捷足先登，则必须保持风度，遵守先来后到的顺序，礼让对方，等下一曲再去邀请。

3. 选择

在自行选择舞伴时，亦有规范可循。到达舞会现场后，不要仓促行事，最好先观察一下周围的气氛，仔细观察自己想去邀请的舞伴。

陈淑达是舞会达人，她总能在舞会中遇到自己心仪的舞伴。究其秘籍，她乐呵呵地说了“四个一定要”。

一定要找年龄相仿的人。原因很简单，没有代沟。

一定要找身高相当的人。跳舞嘛，也得讲究身高比例，如果男士比较矮，或者女士比较高，即使有再好的舞技也难协调。

一定要舞技相当。老手都不爱和菜鸟一起跳舞，虽然对菜鸟来说，这是绝佳的学习机会，但“棋逢对手”的感觉更酣畅一些。

一定要有建立人脉之意。跳舞当然不光是跳舞，也是认识人的大好机会，翩翩共舞一曲，话题多了，心也近了，黄金人脉的建立就变得简单了。

舞会上难免会有人落单，这时候，你伸手邀约是对对方的莫大重视，一般都不会遭到拒绝。

在舞会上倘若发现有女性遇上异性的纠缠骚扰，最得体的做法是挺身而出，主动邀请被纠缠的人跳一支舞，不但可解围，更能彰显绅士风度！

4. 距离产生美

跳舞时要保持一定的距离，左手轻扶舞伴的后腰，右手轻托舞伴的右掌，男士一定要舞步稳健，动作协调，尤其在旋转的时候。万一发现女士眩晕，男士一定要做好“护花使者”，护送女士回原位。在一支曲子结束后，要礼貌地将女士送回原座位，道谢后，再去邀请另一位女士。

5. 曲终人散时

无论是参加朋友的私人舞会，还是参加正式的大型舞会，守时是首要的礼仪，一定要准时到达。朋友的私人舞会最好坚持到舞会结束后再离去，这也是对朋友的支持。至于其他舞会，只要不是只跳了一支曲子显得应酬的色彩过浓就可以了，何时离开可根据自己的意愿决定。

无论是大型舞会还是私人舞会，都请牢记：让你的每一个舞伴都对你留下最佳印象。纵然只是共舞一曲，你彬彬有礼的形象却可以在对方的脑海里持续很久。

观看演出礼仪：叫好与鼓掌也要掌握时机

演出其实是一个比较大的概念，涵盖了很多表演形式，比如，我们的国粹京剧、各种传统戏剧、歌舞演出、音乐会等。

在不同的演出场所，人们在观看演出的时候，表达评价的方式是不同的。比如，看京剧的时候，我们是用叫好喝彩来表达对演员的肯定；如果是欣赏西方音乐，则更多地是用鼓掌的方式；如果是欣赏流行音乐，可能就要跺脚，而看京剧跺脚是喝倒彩，听西方音乐跺脚是表达不满的情绪。中国人鼓掌是用时间的长度来表达对演出者的赞赏、肯定的程度，而外国人是用鼓掌的次数来表达对演出肯定的程度。所以，我们经常看到这样的报道，在国外听音乐会的时候，观众的掌声多达十几次，而我们国内的报道是掌声长达十几分钟。这就告诉大家，东西方文化是有差异的，我们要了解这种差异，以免出洋相。

观看演出，特别是一些正式场合的演出，无论男女最好不要穿便装，穿正装更加合适一些，男士穿西装，女士穿礼服或者套裙都比较妥当。另外，需提前 15 分钟到场。大家正在为开场激动的时候，你气喘吁吁地跑进场显然是不礼貌的。提前到场还有一个好处就是便于寻找自己的座位，还可以有短暂的时间和周围的人交流。节目到精彩之处记得鼓掌，鼓掌是对演员演技的肯定以及对他们表演的感谢，不过请记得不要单独喝彩。如果你对某个演员或者演出片段不感兴趣，也应该保持安静，继续欣赏下去，这是起码的礼仪修养。哪怕是出了意外，也不能起哄闹事，那不但是对演员的不尊重，也显得自己素质修养不够高，损坏自身形象，最终得不偿失。

如果对于即将观看的演出还不甚了解，建议抽出一些时间去学习与之相关的基础知识。要较为全面地了解这一文艺门类的渊源、流派、代表作和著名的表演家及其艺术特色，这样方可鉴古知今，有利于对演出的欣赏。具体到某一节目，亦须了解作者、历史背景、独特之处，以及演员的个人情况和舆论的评价。

同一场演出，欣赏的角度不同，打动人的地方也就不同。比方说，在观看戏剧时，有人是欣赏剧情，有人是欣赏演技，有人是欣赏综合表演，还有人只欣赏某个方面的表演。当不同的精彩点出现时，都会有人发自内心地为他们喝彩鼓掌。

这里就存在一个问题：演出精彩之处，你特别想鼓掌，但别人没有鼓掌，这时候你该怎么办？我们建议从众。如果仅仅你一个人认为这里很精彩，大呼小叫地喝彩，可能让整个现场都受到干扰。如果大家都喝彩，你也喝彩，就比较自然。因此，你要学会控制自己的情绪。

张先生陪家人去看演出。场间休息时，演出主办方提供免费可乐供观众饮用。接下来的演出有一处特别精彩，他激动地站起来准备鼓掌，忘记了自己手里还拿着一罐可乐，在挥手的过程中，可乐洒在了旁边观众的身上。于是两人发生口角，继而对骂并动手互相推搡。张先生掏出随身携带的水果刀刺中旁边的观众，造成对方重伤。

这是一个有点极端的例子，此事提醒我们的是，叫好和鼓掌要掌握好时机，不要随性而行，更不能失去理智，做出错误的事情来。何况，并不是所有的演出都可以时时处处鼓掌的，有些演出需要人们安静地欣赏，有些演出只有在结束的时候观众才可以鼓掌，这些你知道吗？比如欣赏西方音乐的时候，观众要注意自己身体发出的声音，要有能力克制打喷嚏、打哈欠等行为。在特定场合保持肃静，这是很重要的规则。

沙龙礼仪：尊重主人，体现高尚修养

沙龙在眼下已经很普遍，同事、朋友之间时不时搞个小聚会再正常不过了。如果你不懂沙龙礼仪，就会因为一些细节问题而使个人形象受损。在了解沙龙礼仪之前，我想先简单地跟大家介绍一下沙龙的起源和发展。

沙龙这样的形式究其根源可以追溯到很久之前的法国，当时的法国人对哲学、文学、艺术、政治和经济等问题非常关注，他们经常在某些私人的客厅聚会，针对某一话题展开激烈的讨论。后来这样的形式成为一种时尚，传到了世界各地。

沙龙的种类可谓繁多，根据不同的性质和目的可分为：

1. 社交性沙龙：是由较熟识的朋友、同事结成的定期或不定期的聚会，如同乡联谊会等。

2. 学术性沙龙：由职业、兴趣相同或相近的人组成的，以探讨某一学术问题为主要目的。

3. 应酬性沙龙：以接待来访者、增进了解和友谊为目的，如接待客人来访的座谈会、茶话会等。

4. 综合性沙龙：兼有多种目的，人们自由交谈，以增进了解，如酒会、家庭晚宴等。

那么在沙龙上应该注意哪些礼仪呢？

第一，地点在哪儿？

无论是举办沙龙还是参加沙龙，首先要知道地方在哪里，某家客厅、宾馆、饭店或者写字楼内的某一专用的房间？特别是职场人去参加沙龙，最好提前弄清楚交通路线，以便掌握行车路线以及大概所需要的时间。

第二，什么时间？

通常社交性沙龙以在周末下午或晚间举行为好。沙龙一般没有严格的时间限制，只要大家意犹未尽，就可以适当地延长一些时间。

第三，穿什么，说什么？

去参加沙龙，自然要穿着得体。男士尽量别穿奇装异服，女士尽量别穿过分暴露的衣服，那样对人很不尊重。沙龙上有认识的人，也有不认识的人，大部分情况下是认识的人居多。当然，如果你想认识新朋友，可以提前征得主人的首肯，否则贸然与陌生人打招呼会显得有些唐突，容易引起别人反感，那样就达不到交际的目的了。

第四，怎样做才算礼貌？

尊重妇女、长者是最起码的礼仪。主动自觉地尊重、照顾、体谅、帮助、保护妇女和长者，并积极地为其排忧解难是现代年轻人应该有的素质。除此以外，还要体谅与尊重主人，尽可能地对其施以援手。不管主人有无要求，都不可吸烟、随地吐痰或乱扔东西。不允许擅自闯入非活动区域，例如书房、卧室、阳台、储藏室等处“参观访问”，翻箱倒柜，乱拿或乱动主人的物品。

现代职场中各种正式与非正式的沙龙已经非常常见，了解必要的沙龙礼仪知识显得尤为重要，因为这是一个人素质的综合体现。在公司里力求做一名优秀员工，在沙龙中你也应该成为一个有修养的人。

参观礼仪：观而有序，在高雅中品阅学习

林飒进公司实习不久，就和其他 20 个实习生一起到国家某部委实验室参观。负责安排此事的副总因为临时有事不能去，便委托他的好友、实验室的张主任接待大家。所有人都坐在会议室里等张主任回来，这时秘书给大家倒水。众人表情木然地坐在那里，看着秘书忙活，其中一个人还问了一句："有绿茶没？天太热了。"秘书回答说："很抱歉，刚刚用完了。"林飒心里觉得有些别扭，他心里说道："人家给倒水还挑三拣四。"轮到他时，林飒站起来，双手接住茶杯，轻声说了一句："谢谢您，大热天的，辛苦您了。"秘书抬起头看了看他。

门开了，张主任走进来朗声和大家打招呼，不知道怎么回事，会议室里静悄悄的，没有一个人回应。看到林飒鼓掌，其他人才附和着零零落落地鼓起掌来，由于不齐，掌声越发显得乱起来。张主任挥了挥手，说："欢迎大家到这里来参观，平时这些工作都是由办公室负责，因为你们老总和我是老同学，今天我特意来接待大家。我看了一下，发现很多人都没有带笔记本。这样吧，王秘书，请你去拿一些咱们的纪念册，送给大家做个纪念。"接下来，更尴尬的事情发生了，很多人伸出一只手接过主任递过来的纪念册，然后拿在手里随意地翻看，主任的脸色越来越难看。只有林飒站起来，双手接过纪念册，并向主任鞠躬致谢。在参观时，很多人只是跟着盲目地听，有的人索性坐在楼道里乘凉去了。只有林飒一直跟着秘书，一边认真地听着，一边问已经准备好的问题。张主任在一边看着，一边若有所思。

一个月后，林飒被该部委点名调到这一实验室。很多人都不理解，为什么一次参观就改变了林飒的命运？副总也带着这个问题问他的老同学，张主任笑笑说："其实每个人的机会是完全一样的，有些人的条件甚至比林飒更优越，但是除了这些，他们欠缺的东西太多了，修养和礼仪方面，林飒绝对是他们当中的第一名，这也是我们最看重的。"

的确，参观可以开阔眼界、增长知识、陶冶情操。对于职场人而言，参观，尤其是在公务活动中所进行的正式参观，不仅可以达到上述目的，还可以增进对参观项目的了解，加强与项目所在单位的联系，这无论对于单位还是个人来说，都是一件好事。基于此，每个职场人对于参观都要给予足够的重视。在参观的时候，应遵守参观的礼仪规范，不要因为自己的求知欲和好奇心而干扰了别人，更不能表现出自身的陋习，给对方留下一个不好的印象。

在参观过程中，需要遵守的礼仪主要包括以下几个方面：

1. 参观要有针对性。

参观项目的选择要有针对性。与自己的业务相关，有助于工作开展的可供参观的项目不可胜数，但没有必要一一参观，故在选择参观项目时，一定要有针对性。它应当是在当时的情况下，对自己最重要、最有实际价值的项目。只有这样，才能保证考察项目的顺利实现，并且可以减少不必要的人、财、物的浪费。

2. 要客随主便。

参观的具体项目由东道主确定，即由参观的具体项目所归属的国家、单位或个人来提议。如果由参观者提出，须经东道主认可，切不可贸然造访。

3. 参观的准备。

在参观之前，必须做好充分准备，必要时还要制订专门的参观计划。参观计划可以由参观者自己拟订，也可以由东道主为客人事先拟订。主要内容包括下述几项：一是参观项目，二是参观人数，三是负责人以及工作人员，四是起止时间，五是交通工具，六是饮食住宿，七是安全保卫，八是费用预算。当然，根据参观的具体实际情况，可做相应调整。

对于个人来说，在参观之前需要准备的有：为了对参观项目有进一步的认识，并且在参观时有的放矢，抓住重点、难点，参观者应当在参观之前了解一下所参观项目的背景，避免在参观时信口开河，提出不适当甚至令人发笑的问题。

在国内进行参观需要了解的背景材料有：参观项目的历史、现状、发展前途，参观项目的主要特色、优点与不足，参观项目在本地区、本行业以及国内外的地位等。

如果是在国外进行参观，除对参观项目的背景要有所了解之外，还应进行外事纪律教育，并组织参观者学习参观项目所在国的政治、经济、文化、习俗等方面的常识。

参观者应当携带记录工具。为了方便笔记，应当带上两支以上的圆珠笔和足够使用的小卡片纸。如果在参观时还想录音、拍照或摄像，还必须备齐录音带、胶卷、录像带以及电池、充电器等用具。最好不要频频地向东道主借东西，给人家添麻烦。

在参观的时候，要按照一定的顺序跟随队伍一起参观，不可以随处走动，或者突然提问，这样会打乱参观的秩序，给人留下不礼貌的印象。另外，做好重点记录就可，不可以在一处做较长时间停留，如果有疑问，可以在参观结束时，寻找专业人员具体询问。

参观结束后应礼貌告退，并及时答谢对方为这次参观所做出的努力。如有需要，可以适当谈及自己的参观体会和收获，以对对方做出正面的肯定。

参观是现代职场人一项必不可少的公务活动，无论是参观景区、博物馆还是行业展览等，必要的礼仪都不可少，要随时随处做好“有礼有节”，这也体现了一个人的修养。

第七章 商务拜访礼仪

事务性拜访：有约在先，不做不速之客

无论是公事还是私事，无论是大事还是小事，无论是有事还是无事，人与人之间、社会组织之间、组织与个人之间都少不了拜访。没有拜访的公共关系是残缺不全的，没有拜访的人际关系是不幸的，不合礼仪的拜访则是不成功的。

郑伟是一家大型国有企业的总经理。有一次，他获悉德国一家著名企业的董事长正在本市进行访问，并有寻求合作伙伴的意向。于是他想尽办法，请有关部门为双方牵线搭桥。让郑伟欣喜的是，对方也有兴趣同他的企业进行合作，而且希望尽快与之见面。到了双方会面的那一天，郑伟因为太激动，提前十分钟敲响了酒店中那位董事长的房门。此时，董事长正在安排另一场会谈，看到郑伟提前到来，他有点不悦。在等候的过程中，郑伟东张西望，四处走动，并不时翻动茶几上的资料。这些行为引起了董事长的反感，两人简单地谈过之后，董事长就打发他离开了。

商务拜访的礼仪特点：不分男女，无论长幼，客户至上，职位优先。在拜访之前一定要有约在先，有约在先的具体表现是：约定时间，约定地点，约定人数，约定主题，如约而至。

所需要遵守的礼仪包括：

1. 首要规则是准时。让别人无故干等或者还不到时间就提前造访，打乱别人的计划，无论如何都是严重失礼的事情。如果有紧急的事情而不得不迟到的话，必须提前通知你要见的人。如果无法打电话，务必请别人为你打电话通知一下。遇到交通阻塞，应通知对方要晚一点儿到。如果是对方要晚点到，你将要先到，要充分利用剩余的时间做好拜访准备，比如检查自己是否准备好了足够的名片，是否准备好了需要的文字资料或电子资料，是否准备好了适宜的礼品等。

2. 当你到达时，告诉接待人员你的名字和约见的时间，递上你的名片以便对方能通知你要见的人。

3. 在等待时要安静，不要通过谈话来消磨时间，那样会打扰别人工作。即使你已经等了 20 分钟，也不要不耐烦地总看手表，你可以问接待人员约见者什么时间会到。如果你等不及，可以向接待人员解释一下，另约一个时间。不管你对要见的人有多么不满，也一定要对接待人员有礼貌。

4. 当你被引到约见者的办公室时，如果你们是第一次见面，你需要先做自我介绍，如果你们已经认识了，只要互相问候并握手就行了。

除了到办公场所拜访外，有时候我们还要去私宅登门拜访。这里，同样需要注意相关礼仪。

1. 进行预约。要去领导或者客户的家里，一样要事先用电话或信件进行访问预约，不能搞“突然袭击”，突然访问容易给对方造成麻烦。尽量不要做不速之客，不得已必须突然拜访时，也一定要在到达前打个电话。

2. 拜访的日期和时间要根据对方的情况来定，不要光考虑自己方便，最终应考虑对方是否方便。

3. 考虑时间段。因为是私宅，不像办公区域那么方便，必须考虑到私人生活的方便。因此，选好时间格外重要。在具体的拜访时间选择上，最好是利用对方比较空闲的时间。最好选择在节假日前夕。由于中国人普遍有午休的习惯，登门时间最好不安排在中午，当然更不要选在用餐时间。从我国目前的实际情况看，晚上 7 点 30 分至 8 点也许是拜访私宅较好的时间。

4. 严守时间。如果是第一次去，要留有充裕的时间。去办公区域拜访应提前 5 ~ 7 分钟到达，而去私宅拜访则尽量准时到达最佳。

无论是到办公室还是到家中拜访，一定要“客听主安排”，虽然不是“不可多说一句话，不可多走一步路”，但应充分体谅主人。

最后还要注意拜访期间的举止。从到达接待处起，你的拜访就开始了，要先清晰地、有礼貌地自报姓名、所在单位、有无预约。被带进接待室后，先在下座的位子上坐下，当被邀请坐上座时，再移动到上座的位子上。在等待的时间内，要安静地等待，不要在室内来回走动。当被访的对象进来时，要起身打招呼，并对对方抽出宝贵的时间来接待表示感谢。如果是初次见面，此时须互换名片，如有同行者的话要主动进行介绍。

如果拜访私宅，主人开门请你进屋时，应礼貌地询问主人是否要换鞋，并询问鞋如何放置。进屋以后，主动向所有人打招呼。当主人上茶水时，应欠身双手相接并致谢。主人没有邀请你参观其他房间或设施时，不应主动提出参观，更不能未经主人许可就到处乱窜。

总之，不管是办公室拜访还是私宅拜访，我们都要自律，尽量不要给对方添麻烦，更不能因为不懂礼仪而给对方留下不好的印象。

礼节性拜访：彬彬有礼，别做冒失之客

人常说“细节决定成败”，在拜访客户时，有时候你一个小小的不良动作或一句不适当的话，就可能破坏会谈氛围，使拜访陷入僵局。要做好事先做好人，而做人最直接的体现就是你的言谈举止和气质外表，对方只有先接受了你的外在，才有可能与你进一步深入接触。不良的言谈举止会坏你的好事，你的一言一行、一举一动都关系到拜访的成败。那么，在礼节性拜访中什么样的言谈举止是恰当的，什么样的言谈举止又是不良的呢？看看下面这个例子。

经理委托小宋给经理夫人带个东西。小宋找到地址后敲门，一位穿着睡衣的女人开了门，疑惑地问：“你是谁？你找谁？”小宋说：“你是 ××× 吧，经理让把这个东西给你。”女人接过东西，礼貌地让小宋进屋。小宋进屋，鞋也没来得及换就东张西望，女人问她在找什么，她回答着急上厕所，女人就请她去卫生间。方便完后，小宋并没有回到客厅，而是站在卫生间的门口朝里面的卧室张望。对于经理夫人递过来的茶水，她一只手接过，一饮而尽，然后把茶杯放在茶几上，起身一边朝外面走，一边挥手：“走啦，拜拜！”

试想一下，如果小宋是到你的家里如此拜访，你会有什么样的感觉？你肯定感觉非常不舒服。所以，既然是礼节性拜访，必然要把礼节放在前面。具体遵守的礼仪如下：

1. 联系拜访对象。

在你抵达约定的地方之后，未与拜访对象直接见面，或者对方没有派员在此迎候，则在进入对方的办公室或私人居所的正门之前，有必要先向对方通报一下，以便使对方为你的到来做好相关准备。

2. 登门有礼。

到了门口，先要敲门。敲门时，轻轻地有节奏地敲三下即可，切忌一边

仓促地敲门，一边摇晃着门把手，那是非常粗鲁的行为。对方询问时，要清晰准确地报出自己的姓名和身份。

之后，在对方的引导下进入房间。如果是私宅，则要询问主人是否要换鞋，以及在什么位置换鞋等细节问题。

进入房间后，就座时，要与主人同时入座。倘若自己到达时，主人家尚有其他客人在座，应当先问一下主人，自己的到来会不会影响对方。为了不失礼仪，在拜访外国友人之前，要随身携带一些备用的物品，主要是纸巾、擦鞋器、袜子与爽口液，简称为“涉外拜访四必备”。国内普遍重视的“入室后的四除去”是指帽子、墨镜、手套和外套，意思是进门后，要将这四件东西摘下来，当然，东西需要放在主人允许或者指定的地方。

3. 适可而止。

在一般情况下，礼节性的拜访，尤其是初次登门拜访，时间应控制在一刻钟至半小时之内，通常最长不超过两个小时。有些重要的拜访，须由宾主双方提前议定拜访的时间和长度。在这种情况下，务必要严守约定，绝不能单方面延长拜访时间。自己提出告辞时，虽主人表示挽留，仍须执意离去，但要向对方道谢，并请主人留步，不必远送。在拜访期间，若遇到其他重要的客人来访，应当机立断，知趣地告退。

总之，无论是办公室拜访还是寓所拜访，礼节性的拜访都要坚持“客听主安排”的原则，切不可擅自做主，冒冒失失，有失体统。

探望礼仪：选好时间，人到礼到，报喜莫报忧

吴霏是大学毕业不久刚进入公司工作的新人，她年轻、率真，对工作充满了热情和幻想。作为女秘书，她对上司冯经理充满了敬意。不久前，冯经理在体检中被发现得了癌症，公司和家属都尽可能瞒住冯经理，不让他知道实情。

一天下班后，吴霏买了鲜花、水果去医院探望上司。推开病房门，吴霏一脸惊讶地对上司说："冯经理，您得了这么重的病，怎么不躺下好好休息？"冯经理一脸疑惑："是吗？"吴霏还没有意识到自己已经说错了话，还提醒冯经理不要老忙于事业，现在很多年轻人都英年早逝，为此她还举出了很多生动的例子。冯经理越听越不对劲，几次盘问下来，吴霏才支支吾吾地说："其实没什么大病，您很快就会出院的……"

吴霏走后，本来情绪很好的冯经理马上像变了个人似的。他一个人躺在床上，两眼直瞪瞪地看着天花板。家属问他究竟发生了什么，他也不理不睬。

在社交中，每个人都免不了要探望生病的朋友或同事，探望病人不仅是给他们带去鼓励和关怀，更多的是带给他们战胜病魔的信念。因此探望病人的方式方法尤为重要，尤其是要懂得礼仪常识。

探望病人的基本礼仪有如下四条，用心记下来可以让你成为一个知礼懂礼的人。

1. 在探望时间内进行。

一般医院对探望病人都有时间规定，所以探望病人应在医院的探望时间内进行，否则会影响医院的正常工作秩序，还会影响病人的治疗。探望病人最好避开休息时间，以免影响病人休息。

2. 了解病情。

探望病人前，应当对病人所患的疾病和病情有所了解。如探望传染病病

人像患伤寒、传染性肝炎、流行性脑膜炎、流感、肺结核等病的病人，要尽量避免接触病人的用具和衣物。

3. 多给病人鼓励。

病人在患病期间，心理比较敏感。因此，在探望病人时，如果言语不慎或举止不当，往往会增加病人的思想负担，强化他们的猜疑心理，给他们增添不必要的精神压力。要有分寸地用乐观的话语鼓励病人，不要提及使病人不愉快或有损病人自尊心的事情。探望病人时间不宜过长，一般以15 分钟为好。时间太长，会影响病人休息。

4. 探望病人时行为举止要得当。

进屋时轻轻敲门，让病人感到自己仍然受人尊重。进入房间后，见到病人要像以前一样握手，这样可以消除病人的戒备心理。同时尽快找把椅子挨着床边坐下，如果对方不是传染病，你还可以拉着患者的手亲切交谈。见到医院的各种治疗仪器，千万不要大惊小怪，以免增加病人的压力。注意说话的语气，尽可能用非常平常的、温和的、自然的口气问："你今天感觉好多了吧？"

按照民间习俗，探望病人总要携带些礼物，但并不是所有的礼物都受病人喜欢，也不是贵的礼物就适合患者。礼物的挑选要根据病人的病情而定，不可随随便便。这里给大家一个建议，选择礼物的时候，不要一味追求贵重，应更多地注重精神效应。如果你打算送鲜花，最好先打听一下，该病人及病房是否允许送鲜花。

为了使你能更准确地选择探望病人的礼物，下面的知识对你或许有些帮助。

探望高血压、冠心病、胆囊炎、肾炎和高烧病人，应该带富含维生素的清淡食品，如新鲜水果、水果罐头、果汁等。

探望糖尿病病人、水肿病人，可以带含蛋白质的食品，如奶制品、蛋类、肉松等。

探望患气管炎、肺气肿、肺结核等病的病人，可送有补养、润肺、止咳作用的核桃、蜂蜜、银耳等。

探望患妇科病、贫血等病的病人或孕妇、产妇，适合带补血的红糖、鸡蛋、鲜虾、奶制品和豆制品等。

探望患肝炎、低血糖等病的患者，可带白糖、蜂蜜、大枣等。

探望患肠胃疾病的病人，适合带些易消化无渣的藕粉、麦乳精、果汁等。

探望肿瘤病人，适合送香菇、人参、水果等。

无论送什么礼物，其实送的都是一份心意。对患者来说，你能把一份鼓励送给他，比送什么礼物都要有意义。

送花礼仪：每一种花都有着不同的意义

现代社交活动中，鲜花已经成为最受欢迎的礼品。走访亲友、商务拜访都离不了鲜花，它被广泛地运用在人际交往中，传情、致意、慰问、祝福等均可使用美丽的鲜花制作而成的花束来完成。很多人都喜欢花，很多人也都送别人花，但不是所有人都了解花语以及送花的学问。

小贾和小袁是同事，小贾邀请小袁参加自己的婚礼。为了表达心意，小袁打算给好友送一份特别的礼物，想来想去，他决定送鲜花，因为他觉得送鲜花又时尚又浪漫，小贾的爱人一定会喜欢。于是小袁在花店里转了一圈，他觉得大喜之日最能衬托气氛的是红色，于是他吩咐店员为他包了一大束红玫瑰。可当他将花送给小贾的爱人时，他看到小贾的爱人迟疑着不肯接花，小贾也用狐疑的眼神看他。小袁不明所以，将花推进小贾爱人的怀里，热情地说："专门送给你的，就接着吧！"小袁后来才知道，因为那束花，两口子还闹了一次误会，他为此专门对小贾做出了解释。小贾听完解释后，哭笑不得地说："多亏咱俩关系好，要是换了人，估计你早被暴打一顿了。"

是啊，这样的笑话也只能在熟人之间发生了。要是发生在商务交际中，很可能你就不只是闹个笑话那么简单了。每一种花都具有某种含义，蕴藏着无声的语言，以下是常用的花语。

勿忘我的寓意是永恒的爱。 郁金香象征幸福与胜利。不同的花色含义也不同，红色郁金香表示我爱你，紫色郁金香表示忠贞的爱，黄色郁金香表示没有希望的爱，白色郁金香则表示失恋。最能代表爱情的自然是玫瑰了，但不同颜色的玫瑰也有不同的意思。常见的粉红玫瑰表示初恋，黄色玫瑰表示道歉，红色玫瑰表示热恋，白色玫瑰表示高贵。百合花也出现在代表爱情的场合，红百合表示喜气洋洋，黄百合表示爱慕，白百合表示完美、百年好合，可谓圆满幸福了。

不同的场合、对象须送不同的花。

祝贺老人生日，宜送长寿花、龟背竹、百合花、报春花、万年青等具有延年益寿含义的花草，如赠送国兰、松柏、银杏、古榕等盆景则更能表达尊崇的心意。

祝福热恋中的男女，一般要送玫瑰花、百合花、蔷薇花或桂花，这些花美丽、雅洁、芳香，是爱情的象征。

夫妻之间互赠可用合欢花，合欢花的叶长，两两相对，象征着夫妻永远恩爱、百年好合。

送别朋友宜送芍药，因为芍药不仅花朵鲜艳，且含有难舍难分之意，表示依依惜别之情。

对于爱情受挫折的人宜送秋海棠，因为秋海棠又名相思红，寓意苦恋，以示安慰。

祝贺新婚可送花色艳丽、花香浓郁的鲜花，表示富贵吉祥、幸福美满。除月季、香雪兰、扶郎花外，还可添加舞女兰、石斛兰、嘉特兰、大花慧兰等。

拜访朋友建议选择对方喜欢的花，如果不清楚的话，可选择观叶类的植物或兰花，观叶期或花期都很长，让受礼的人能长久感受你的心意。也可以送吉祥草，象征幸福吉祥。

祝贺乔迁新居常用盆栽植物作为贺礼，具有祝福主人飞黄腾达、金玉满堂之意。可以送巴西铁、鹅掌叶、绿萝柱、彩叶芋等观叶植物或盆景，也适合送稳重高贵的花木，如剑兰、玫瑰，表示隆重。

探望病人送花有很多禁忌。探望病人时不要送整盆的花，以免病人误会为久病成根。香味很浓的花对手术后的病人不利，易引起咳嗽；颜色太浓艳的花，会刺激病人的神经，激发烦躁情绪；山茶花容易落蕾，被认为不吉利。看望病人宜送素净淡雅的兰花、水仙、马蹄莲、素色苍兰、剑兰、康乃馨等。

拜访德高望重的老者宜送兰花，因为兰花有“花中君子”之美称，象征着品质高洁。

祝贺新店开张、公司开业宜送月季、紫薇、牡丹、一品红等，表示开业大吉、生意兴隆。也可以送繁花集锦的花篮或花牌，以祝愿生意兴隆、财源广进。

给工商界朋友可送杜鹃花、大丽花、常春藤等，祝福其前程似锦、事业成功。

看望父母可选剑兰、康乃馨、百合花、菊花、满天星等，祝父母百年好合、幸福美满。

迎接亲友或贵宾的鲜花以红色系与紫色系最受欢迎，可选用紫藤、月季、马蹄莲组成花束，表示热情好客。

参加丧事适合送白玫瑰、白莲花或素花，象征惋惜怀念之情。

如果送了不合适的花，不仅会让你很尴尬，而且会让主人很生气。比如中国人讲究送花时数目越多越好，双数吉利，但对西方人不宜如此。他们认为只要意思到了，一枝鲜花亦可胜过一束。男士送鲜花给关系普通的女士时，数目宜单，否则便是指望与人家“成双成对”了。

第八章 商务宴会礼仪

宴会前的准备：应请尽请，不该请的不请

宴会是一种带有浓重商务色彩的社交活动。一般把政府机关、社会团体举办的有一定规模的酒宴称为宴会，私人举办的规模较小的称为筵席。人们通过宴会可以协调关系、联络感情、消除隔阂、增进友谊、加强团结、求得支持等，无论是出席宴会的人，还是组织宴会的人，都可以得到一种礼遇上的满足。

宴会有很重要的礼仪作用，也有严格的礼仪要求。一次宴会成功与否，是否能达到主人所预期的目的，与宴会的准备工作密切相关。在宴会前的准备工作中，必须注意礼仪，明确宴请的对象、目的、形式，具体来说要做到以下几点：

1. 对象：要明确宴请的对象尤其是主宾的国籍、身份、习俗、爱好等，以便确定宴会的规格、主陪人、餐式等。

2. 目的：宴请的目的是多种多样的，可以是表示欢迎、欢送、答谢，也可以是为庆贺、纪念。明确了目的，也就便于确定宴会的范围和形式。

3. 范围：哪些人参加、请多少人参加都应当事先明确。主客双方的身份要对等，主宾如携夫人，主人一般也应以夫妇名义邀请。哪些人作陪也应认真考虑。对出席宴会的人员还应列出名单，写明职务、

称呼等。

宴会之前应按照宴请所要达到的目的，认真列出被邀请宾客的名单，谁是主宾，谁是次主宾，谁做陪客，都要一一列清，做到该请的请、不该请的不请，不能遗漏。按照常规，不宜把毫不相干的两批客人合在一起宴请，更不能把平时有芥蒂的客人请到一起吃饭、饮酒，以免出现不愉快的场面。

小陈大学毕业后很顺利地进入一家大型企业，凭着聪明和勤奋，他深得领导赏识。一次，单位接待一位前来投资的大老板。经理将设宴接待的任务交给小陈，并特地嘱咐他一定要认真对待。小陈仔细地对比了附近酒店的规格，并向对方发了邀请函，可百密一疏，他忘记了邀请和大老板一起来的助理。宴会现场，众人等待时，小陈搓着手来回踱着步子，还嘀咕说："这该来的怎么还没来？"其他人一听，寻思着他们都是不该来的，好几个人很不高兴地起身离开了，眼看就要成功的投资会最后泡汤了。

如果你是宴会的组织者，一定要认真核对客人名单，仔细检查有无遗漏的人员，特别是口头邀请的客人。在发出邀请后，别忘记叮嘱客人给予回复，并再次表达自己的诚意。

作为被邀请的客人，无论接到任何方式的邀请，都要尽快给出明确答复，表明自己是否应邀，以便主人掌握出席人数。宴请时间临近还没做出明确回复是不礼貌的，且不能假意推托，态度暧昧，语意模糊。一旦接受主人的邀请，就必须如期赴约，除疾病和非处理不可的事情外，别的都不可成为爽约的理由。如遇特殊情况不能出席，应及时有礼貌地向主人解释道歉。而且，绝不能在同一天拒绝一个邀请后又赶赴另一个邀请。

琳达是个马大哈，她经常赶场子，尤其是周末，上午出席朋友生日宴会，下午出席业内 party（聚会），个别晚上还会有晚宴。这样一天应付下来手忙脚乱，要是考虑不周，遗漏掉某个宴会也是稀松平常的事。那次琳达就犯了这样一个错误，原本答应要出席行业精英宴会，可事到临头她忽然被叫去应付别的事，害得组织者苦等半个小时，打电话才知道她不能出席宴会了，组织者当然很不高兴。

由此可见，适时到达也是赴宴的重要礼仪之一。适时是既不要迟到也不要早到太多，应稍有提前，保证准时。到场太早是很不明智的，容易给主人添麻烦，主人还得抽出空来招呼早到的客人。迟到就更是失礼了，既会给主人带来不便，也会让其他宾客感到不悦。有客人迟到时，主人应该把晚餐推迟 15 分钟，这是通行的做法。但如果为了一个人，而让其余的人等 20 分钟以上，那是很无礼的。

如约到达后，客人应先到休息室等候，在主人引导下与其他宾客一起入席。如没有休息室可直接入宴会厅，但忌提前到餐桌旁落座。找一个地方坐下来，可以和关系熟识的人做些沟通，也可以通过主人的牵线搭桥去认识你想认识的人。

菜该怎么点，要考虑到客人的禁忌

吃饭是每个人每天都要做的事，特别是职场中人，隔三岔五请人吃饭更是常事，可商务交际中最让人头大的偏偏就是吃饭。只有了解商务生活真谛的人，才知道吃饭是非常累的活，而其中最累的是点菜。

以前点菜没这么难，因为那时候饭店少，饭店里的菜品更少，来回就那么几样，大家没多大挑选余地，吃一顿饭也花不了几个钱。现在不同了，高中低档的各色饭店、酒楼一应俱全，东西南北菜品应有尽有，一顿饭光点菜差不多要花去半个小时的时间，就这样弄不好还落下个不如意的结果。有些人既不想花很多钱，又不想驳客人的面子，最后往往两面为难。

饭桌上，菜单被恭敬地递到主宾面前，主宾把菜单翻来覆去看了几遍，皱皱眉头，合上菜单，扔下一句“随便”。谁都知道商务宴请最怕听到的就是“随便”两个字，没有一个人真是随便的，每个人都对他所需要的东西有明确的标准，领导和客户更是如此。因此别小看点菜，这可是一个人把握全局、深谙客户心理和需求的综合能力体现。

如果领导对下属“放权”，就意味着“今天的点菜是对你的考验，你要是点的东西让我不满意，我会很不开心，也会影响我对你的信任”。如果客户对主人“客气”，“随便”的准确翻译就是“看看你究竟有多大的诚意”。更有甚者，有人无是生非地写出一大堆帖子，在网上疯传，“从点菜看人品”。本来就不简单的点菜，又成了将个人性格完全暴露在别人面前的陷阱。做人难，做个会点菜的人更难哪！

难道就没有诀窍了吗？非也。点菜最大的诀窍就是：菜该怎么点，关键看客人喜欢什么。

在告诉你菜该怎么点之前，我先来告诉你什么菜不该点。换言之，就是点菜的禁忌，这是每一个职场中人必须知道的。

1. 宗教方面的饮食禁忌。例如，穆斯林禁食猪肉，并且不喝酒。佛教徒不吃荤腥食品，它不仅指肉食，而且包括葱、蒜、韭菜、芥末等气味刺鼻的食物。

2. 特殊人群的禁忌。比如，患心脏病、脑血管硬化、高血压和中风后遗症的人不适合吃狗肉，肝炎病人忌吃羊肉和甲鱼，患胃肠炎、胃溃疡等消化系统疾病的人也不适合吃甲鱼，高血压、高胆固醇患者要少喝鸡汤，等。

3. 饮食偏好的禁忌。比如，湖南省的人普遍喜欢吃辛辣食物，少吃甜食，英美国家的人通常不吃宠物、动物内脏等。宴请外宾时，尽量少点生硬、须啃食的菜肴，老外在用餐中不太会将咬到嘴中的食物再吐出来。

4. 职业禁忌。例如，国家公务员在执行公务时用餐不准超过国家规定的标准，不准喝烈性酒。再如，驾驶员工作期间不得喝酒。要是忽略了这一点，有可能使对方犯错误。

好了，接下来，我们具体了解一下点菜的技巧。如果你对点菜实在不擅长，这里给你一个绝好的建议：把点菜的麻烦交给导食顾问。

穿梭于各餐桌的营养点菜师是各家酒楼推出的新服务。他们是食客们的导食顾问，用专业化的知识帮顾客设置菜单。他们能根据顾客的不同需求、不同喜好，快速、专业地提供菜单，让顾客吃上一桌称心、安全、营养、可口的饭菜。

商务宴请时经常遇到这样的尴尬，所有的菜口味都不错，但一场宴会下来，丰富性、质感多样性、色彩的搭配以及营养均衡等方面都很是欠缺。其中原因就是重视了每道菜，而忽略了菜品之间的搭配。导食顾问知道人体所需的七大营养素、常用菜品所含营养成分和功效、食物的酸碱度平衡和性味平衡，还知道各种常见体质的人坐在一起吃什么、怎么吃、怎样搭配。此外，导食顾问还能针对不同客人的心理需求来点菜。比如求方便心理的客人，关注的焦点是实惠、经济，因此，可口、量足是关键；奢侈型心理的客人，关注的焦点是尊贵、高档次、有面子，因此由高档原料烹制的精、巧、雅、优的菜品应该符合这部分客人的需求。

不用告诉导食顾问，他们就能通过察言观色了解怎样用菜品来取悦客人，让主人面子十足。最主要的是，导食顾问能准确把握你的预算，让你省事又省钱。

当然，不是每个人都有好运气遇到这样称职的导食顾问。因此，每一个职场人士应该掌握必要的点菜常识。刚才说了，点菜最主要的是要根据宴请对象的饮食喜好确定菜品，此外，你还要了解哪些菜是这个菜系有名的或者是目前流行的，然后根据菜系寻找以烹制该菜系见长的酒楼。为了你的钱包，在预订之前先要了解这家酒楼的人均消费水平，人均消费水平的高低也反映了一家酒楼的档次。

真正向客人展现诚意，还是从点菜开始。菜谱必须先递给客人，然后再在每个人手里传递，直到主菜的数量比客人的人数多出一个到两个，就该配冷盘和例汤了。当然，如果客人谦让点菜权，主人也不必过于勉强，来回推辞只会让点菜的时间无限延长。

拿回菜谱，一定要问清聚餐的人有没有忌口的食品，有没有民族习惯的忌讳，这样点菜时就可以兼顾所有人，不会有人大快朵颐，有人停箸默然。点菜过程要快，重点菜要询问一下客人是否喜欢，尤其注意不要为适合自己的口味点太辣或者太油腻的菜。

荤素搭配是必要的，尤其要关注女性对素食的需求。特别是年轻爱美的女性，她们很注重身材，特别油腻或者可能导致增肥的菜，她们一般会有所忌讳。再重要的商务宴请也不需要每个菜都很贵，最后一定要有一道口味清淡的水果或蔬菜。

菜品不重复也是点菜时需要注意的，不要点用同样手法烹调的两种菜肴，或者不点主料相同的菜肴。点菜时除了各种烹调方法要搭配外，也要注意菜的味道是否重复，甜酸、麻辣、盐酥等味道要适当搭配。

一般来说，特价菜一定要点。尽管特价菜是餐馆招揽顾客的促销措施，但基本上是平价揽客，而且也能体现这家餐馆的特色，点特价菜可以达到省钱尝鲜的效果。实在不了解餐馆的特点的话，可以看看别人桌子上的菜，从分量到成色以及进食的程度，大致可以估计个八九不离十。

点完菜要询问客人用什么酒水。白酒的单瓶价格不要过高，红酒要注意和菜品的搭配。如果吃海鲜，尽量喝干白，中餐和油腻的食物最好配干红。

西餐礼仪：有趣的餐具暗语

连续加了一个月的班，沈英明终于忙完了项目。经理看后非常满意，为此特地请沈英明去吃西餐。尽管沈英明一直很憧憬西餐厅的高雅氛围，但她吃惯了中餐，对于那一堆陌生的刀叉还是有点发怵。之前闺密提醒过她：但凡不知道的时候，看经理怎么做你就学着怎么做。因此，牛排上齐了，她看到经理左手拿叉，右手拿刀，小心地切着牛排，就照学不误，可劲使得太大，刀子与盘子相碰发出刺耳的声音。她不好意思地朝经理笑笑，然后劲小了一点儿，可那七分熟的牛排丝毫不领她的情，怎么也切不动。更糗的是，刀子在手里打个转，掉到了地上，沈英明赶紧弯腰去捡。她看到经理的脸色越来越难看，她红着脸低着头坐在那里，一点胃口都没了。那顿饭后，经理对她说："出来混就得当个杂家，什么都要懂一点，哪怕是吃西餐，也别小看了它的学问！"沈英明尴尬地应诺着，决定好好补一下西餐的礼仪知识。

和沈英明一样，很多职场新人对于西餐礼仪都不大懂。不说别的，西餐厅里的高雅和冷清很多人就受不了，他们觉得那里一点都没有中餐厅里人来人往的热闹。其实在西餐厅里，大多数情况下是不需要多费口舌的，因为作为客人的你，一举一动已经告诉了服务员你的意图，也就是说，"刀叉语言"在这时发挥了重要作用。懂得西餐的"餐具语言"是决定你能顺利用餐的关键因素。

这里简单列举几个餐具语言，你会在有趣的位置摆放中，体会西餐的微妙之处。

盘子没有空，如果你还想继续用餐，可以把刀叉分开放，大概成三角形，服务员就不会把你的盘子收走。

盘子已空，但你还想用餐，把刀叉分开放，大概成八字形，服务员会给你添加饭菜。注意，只有在准许添加饭菜的宴会上或在食用有可能添加的那道菜时才适用。如果每道菜只有一盘的话，你没有必要把餐具放成这个样子。

盘子已空，而你也不再想用餐，就把刀叉平行斜着放好，那么服务员会在适当的时候把你的盘子收走。

很有意思吧！只有熟练掌握餐具使用规则，你才能运用好餐具的暗示语，也才能让别人读懂你想要的意图。因此，了解西餐的餐具及其用法就成为前提。

1. 西餐餐具的摆放。

入席前，餐巾置于主菜盘的上面或左侧，盘子右边摆刀、汤匙，左边摆叉子，可依用餐顺序——前菜、汤、料理、鱼料理、肉料理，视你所需而由外侧至内使用。玻璃杯摆在右上角，最大的杯子是装水用的高脚杯，次大的是装红葡萄酒所用的杯子，而细长的玻璃杯是装白葡萄酒所用，视情况也会摆上装香槟或雪莉酒所用的玻璃杯。面包盘和奶油刀一般放于左手边，主菜盘对面则放咖啡或吃点心所用的小汤匙和刀叉。

2. 西餐餐具的使用，右手用刀，左手拿叉。

如果用餐时，有三种不同规格的刀同时出现，一般正确的用法是：带小锯齿的那一把用来切肉制食品，中等大小的用来切大片的蔬菜；而那种小巧的、刀尖是圆头的、顶部有些上翘的小刀，则是用来切小面包的，然后用它挑些果酱、奶油涂在面包上面。

这里需要注意的是，很多人用餐比较随意，或者出于表达需要，一边说话一边拿着刀叉指手画脚，这样难免会让人胆战心惊。还有的人拿刀的姿势很奇怪，像握笔一样，且不说雅不雅观，这种握法恐怕很难用力，更别说将可口的菜品送入口中了。

上面说刀，下面说叉。可以选择自己喜欢的食物，叉起适量食物一次性放入口中。往嘴里送时动作要轻，西餐桌上最忌讳豪放作风。有的人叉起一大块食物放进嘴里，大快朵颐。有人尽管一次并不能吃光那块食物，可还是一次性叉起，然后用手举着，分多次食用，这都是不礼貌的行为。

叉起食物送入嘴中时，牙齿只能碰到食物，不要咬叉，也不要让刀叉在齿上或盘中发出声响。用餐期间，最好一次叉少量食物，多叉几次。

使用叉还要注意一个细节：不能用叉子扎着食物进口，而应把食物铲起入口。如果吃某一道菜不需要用刀，也可直接用右手握叉，例如意大利人在吃面条时，只使用一把叉，不需要其他餐具，那么用右手来握叉倒是比较方便。

3. 勺子的用法。

在正式场合下，勺有多种：小勺用于食用咖啡和甜点；扁平勺用于涂黄油和分食蛋糕；比较大的勺用来喝汤或盛碎小食物；最大的勺是公用的，主要用于分食汤品，常见于自助餐。不同勺子有不同的用法，一定要区分清楚。

喝浓汤时勺子横拿，由内向外轻舀，不要把勺很重地一掏到底。同样，喝汤时用嘴唇轻触勺子内侧，不要端起汤盆来喝。汤将喝完时，左手可靠胸前轻轻将汤盆内侧抬起，使汤汁集中于盆底一侧，右手用勺舀清。

吃西餐时，每个人都有自己的餐具，如果是合餐，每个人都可从大盘里取用的话，那么一定有备用的公用叉或勺供大家使用。千万别像吃中餐一样，为了显示热情和亲密，用自己的餐具往别人的盘子里放菜品。

另外，还要注意，西餐中最主要的是肉类和沙拉，在食用时还要注意进餐礼仪。肉类要从左边开始切。用叉子从左侧将肉叉住，再用刀沿着叉子的右侧将肉切开，千万不要从右侧开始切。如切下的肉无法一口吃下，可用刀子再切小一些，然后直接用叉将肉送入口中。不可一开始就将肉全部切成一块一块的，否则好吃的肉汁就全部流出来了。

摆放在牛排旁边的蔬菜不只是为了装饰，也是基于营养均衡的考虑而添加的。许多人大都会把水芹留下，如果不是真的不爱吃水芹，最好不要剩下。

吃沙拉时也要注意规范使用餐具。作为同主食一起上的沙拉，沙拉盘放在主菜盘的左侧，这时一般只放一把叉子。如果遇见比较大叶的蔬菜，要先用刀子和叉子将蔬菜折起来，然后再用叉子送入口。如果叉子上有沙拉，通常用一块面包或蛋卷把叉子上的沙拉推在盘子里。

如果有需要，只需按照餐具的暗示语把你的意思传递给服务员就可以了。当然，如果你也像沈英明一样不慎将餐具掉在了地上，此刻最英明的做法是提示服务员更换一套餐具，而不必弯腰用不优雅的姿势去捡脏了的餐具。文明使用好西餐餐具，才能优雅地享受西餐的美味。

工作餐礼仪：适可而止，不必刻意追求档次

比起亲朋好友的聚餐或者比较正式的宴会，工作餐的一个显著特点就是目的性强，实际上它是以另外一种形式进行的商务活动。换句话说，它不过是让餐桌充当会议桌或谈判桌，所进行的非正式的商务会谈而已。中午抽出时间，大家聚在一起商讨有关事宜，已经成为职场中人必不可少的会餐形式。有时候只有两个人，有时候一个部门几个人或者十几个人，在不影响工作的前提下，利用工作间隙，随时随地举行一个小规模的聚餐，针对某个问题交换彼此的看法，以期达到一定的目的。工作餐并不强调形式与档次，这是商务人士应该清楚的一点。

费宏是某公司工程部的一名普通员工，在一个项目上，部门里同事意见各异，因此部门经理提出中午大家一起简单地吃一个工作餐，地点就在楼下的大排档。费宏为此特地写了一个发言稿。午餐时间，经理临时有事出去了，其他人先到大排档等候。在等候的时间里，费宏自告奋勇地当起了东家，他一边询问大家对项目的意见，一边滔滔不绝地发表自己的意见。经理赶到后，费宏一边将大家的看法汇总给经理，一边自作主张地拿出了决定性的方案。经理一边吃饭一边点头，费宏没有意识到自己已经犯了错，以为得到了经理的默许和鼓励，于是更加狂妄。用餐结束后，他还极其热情地去埋了单。经理看了看大家，说："我看也没我什么事了，今天就到此为止吧，关于项目以后再议。"那顿饭后的第二天，费宏就被调离了工程部，而其中的原委他至今还没弄清楚。

费宏身上有很多职场新人的特点：热情、积极，但有时把握不住分寸，导致喧宾夺主，最后好心没办成好事。要成功地筹办一次工作餐，除了要了解它的相关特点之外，还应该系统地掌握基本的工作餐礼仪，主要包括工作餐的安排、工作餐的做东、工作餐的进行等方面，下面分别介绍。

在参加工作餐时，宾主双方都有一些需要通晓的注意事项。它们主要

包括如下四条：

其一，举行一次工作餐，首先应当有事要办，要能够解决实际问题，绝对不允许无的放矢，将其等同于吹牛、聊天、发牢骚的无所事事的“神仙会”。和他人共进工作餐的人大都胸中有数，意欲借此机会来实现自己的某种目的。假如毫无目的性可言，那么工作餐便不成其为工作餐了。因此，发出提议的人就是东道主，也就是本次工作餐的主人。

主人可以选择工作餐的时间、地点和目的。不过在做出具体的选择时，还是有必要考虑一下客人的习惯与偏好，并给予适当的照顾。如果有必要，主人不妨同时向客人推荐几个自己中意的地点，请客人从中挑选，或者索性让客人自己提出几个地点，然后再由宾主双方共同商定。

一般来说，工作餐不必刻意追求某种形式，不必很豪华很奢侈。如果盲目地追求形式却忘却了工作餐的真正目的，那就失去工作餐的意义了。在订餐时要结合自己的相关要求，例如理想的位置、用餐的时间、到场的人数、特殊的要求、付费的方式等，本着方便简洁的原则适可而止，千万不要去追求档次和形式。

其二，菜肴的选择。与宴会相比，工作餐仅求吃饱，而不刻意要求吃好，因此工作餐的菜肴大可不必过于丰盛，它的安排应以简单实用为主。只要菜肴清淡可口，并且大体上够吃，就算是基本达标了。当然了，在点菜的时候，主人不能一意孤行，还是要适当考虑一下客人的饮食禁忌。此刻的可行之法是：由每位用餐者各点一道菜，大家各点各的，或者统一选择套餐。

在一般情况下，餐馆都会有一些特色菜，再搭配一些普通的菜品，做到荤素搭配，就可以构成一顿合适的工作餐，没有必要非上山珍海味不可。为了不耽误工作，工作餐中最好不要喝太过浓烈的酒，以免影响下午的工作。如果贪图一时畅快而喝得酩酊大醉，那就有损形象了。

其三，席间的交谈。工作餐讲究的是办事与吃饭两不耽误，所以在为时不久的进餐期间，宾主双方关于所拟议的问题的交谈，通常是宜早不宜晚。不要等到大家都吃饱喝足了，方才正式开始交谈，那样，时间往往不太够用。

一般情况下，大家吃得差不多时，主人便可以暗示交谈能够开始了。此刻，主人说一声“针对……大家借机谈一谈吧”，便可作为交谈的正式开始。在点菜后上菜前的等候时间里，也可开始正式交谈。

短短的一个多小时，不但要解决午饭问题，还要达成某个意向，时间就显得宝贵得多，因此交谈中最好不要节外生枝，偏离正题。有些人说话滔滔不绝，别人正在探讨商品的成本和利润，他却扯到核危机、环境污染、明星丑闻等话题上来，全都是与主题毫不相干的话。同时，别人说话时要认真倾听，既不要中途打岔，也不要与旁人七嘴八舌，心不在焉。

除此之外，还得长点眼色，不要在别人正吃的时候去讨论问题，让他说也不是，吃也不是。另外，不管你的观点多么精辟有力，都不能长篇大论、口水狂飞。

其四，用餐的终止。工作餐是有严格的时间限制的，它不等同于其他宴会，可以适当延长时间。依照常规，拟议的问题一旦谈妥，工作餐即可告终，不一定非要拖至某一时间不可。

在一般情况下，问题解决后，或者用餐结束后，主人长时间沉默不语或者反复看表，都是在提醒大家用餐可以结束了。特别是在客人还需要赶时间去忙别的事情时，主人应该适可而止，掌握好时间，使工作餐适时地宣告结束。当有人用餐尚未完毕，或者有人正在发表高论时，一般不宜提出终止用餐。在就餐期间不告而别或者中途借故离去，都是失礼的。

总之，要把握好简洁和高效的原则，掌握必要的相关礼仪，做到有礼有节，就可以成功地举办一次工作餐了。

自助餐礼仪：文明取食，优雅享受

周丽有一次代表公司出席一家外国商社的周年庆典活动。正式的庆典活动结束后，那家外国商社为全体来宾安排了丰盛的自助餐。最让周丽开心的是，她在餐台上排队取菜时，竟然见到自己平时最爱吃的北极甜虾，于是她毫不客气地替自己盛了一大盘。她想：要一次盛够，再跑几趟来取多不好啊。为了高效，她还在盘子里放了很多别的菜品，当她右手端着盛得满满当当的盘子，左手拿着快要溢出来的咖啡从众人旁边经过时，周围的人个个都用异样的眼神打量她。事后一打听，周丽才知道，那天她丢尽人了。

的确，很多时候不是我们想的那样。不同的宴会形式必定会有不同的礼仪规范，违背了礼仪必然会得到异样的眼光，甚至落得个“素质低下”的评价。关于自助餐礼仪，同样也有很多值得注意的地方。

自助餐，顾名思义就是自己随意享用餐点的一种方式。相比其他的宴会形式，自助餐要随意得多，可以自行选取食物、饮料，可以自由与他人组合用餐或者独自享用。当然，自助餐不可能像正式宴会一样，菜品那么丰富，有荤有素，有冷有热，甚至东西南北特色菜一应俱全。自助餐上，大部分都是冷食，因此它也叫冷餐会。

怎样在自助餐上吃得既舒服又优雅呢？肯定要遵守有关的礼仪规范。一般来讲，自助餐礼仪只要注意以下几点就可以了：

1. 按顺序排队。

要排好队按顺序取菜，如果一窝蜂拥上去，那就不是吃自助餐，恐怕是露天广场发免费赠品了。取菜前先准备好食品盘，轮到你的时候，用公用餐具将食物放入自己的食盘内，接着应该迅速离去。不要在食物前犹豫不决，让身后的人久等，更不应该挑挑拣拣，甚至直接用手或自己的餐具取菜。

2. 按顺序取食。

自助餐上经常遇到的一种情况是，很多人迫不及待地拿了很多自己喜欢吃的菜品和饮料，结果大快朵颐之后才发现还有很多可口的菜品、甜点，可惜肚子已经吃饱，只能望菜兴叹了。因此，建议大家先在全场转上一圈，大致了解一下菜品、甜点以及饮料的种类，然后再有选择地取菜。取菜也是有顺序的，依次为：冷菜、汤、热菜、点心、甜品和水果。如果是亲朋好友一起享用就可以随意自由一些，但出席正式的自助餐宴会，建议还是按顺序取菜，别因为了解不够而被大家笑话。

3. 记得关心同伴。

对于和你同去的同事或者朋友应及时给予关心，不能只顾自己一个人享用，让他人尴尬难堪。如果对方不熟悉自助餐，你可以简单扼要地进行介绍。在对方乐意的前提下，你还可以向其具体提出一些选取菜肴的建议。这里需要提醒的是，千万不能热情过度，擅自去替对方取食物，更不能将自己不喜欢的食物或吃不了的食物“处理”给对方，那样是很失礼的。在用餐过程中，对于其他不相识的用餐者，应当以礼相待，主动谦让，不能目中无人，蛮横无理。

4. 多吃也要优雅。

自助餐最大的优点就是可以多吃，能吃多少就吃多少，但绝对不主张浪费。如果吃到最后，桌上就你的面前杯盘狼藉，你就会被大家视为没有教养。在享用食物的时候，你可以遵循“多次少取”的原则，量力而行。如果是取多种菜品，要避免将各种菜肴盛在一起，导致互相串味，自己也失去了品尝的兴趣。

5. 陋习要禁止。

很多年轻人在学校时养成了不好的习惯，吃过饭后经常将餐具丢在食堂然后“飘然离去”，还有的人喜欢打包，但这些习惯都不允许出现在自助餐上。在用餐现场，你想吃多少就吃多少，想吃什么就吃什么，但千万记得在吃饱喝足之后，不能要求服务员给你将某个菜品打包带回家，更不能将残羹冷炙丢一桌。主动将餐具送到指定之处，交给服务人员进行清洗才是文明之举。

自助餐不但是一个人自由享用美食的方式，更是展示一个人礼仪修养的地方，一举一动都应有分有寸、有礼有节。

酒桌上的礼仪：切莫忽略敬酒顺序

李健和许畅是某电信局的职工，两个人不但是多年的老同学，而且许畅还是李健的带班队长。一个周末，许畅邀请李健夫妇以及其他同事到一家火锅店聚餐。因为李健夫妇计划要孩子，不宜多饮酒。李健将这个想法告诉许畅，许畅痛快地答应了。席间经理忽然驾到，李健赶紧敬了经理一杯，然后才敬许畅。对经理的回敬酒，李健仰起脖子，一饮而尽。许畅认为只喝经理的酒不喝他的酒，这是不给他面子，于是他要求李健喝了三杯，还声言："我才是这里的东家，第一个该敬的也是我，不喝我的酒就是看不起我""谁不喝谁就不是爷们儿"。被激怒的李健猛地站起来，不料将桌上的火锅碰倒，火锅内的汤洒到了许畅身上。许畅当即被烫伤，两个人多年的交情也因此而断了。

职场上难免要应酬，要应酬就少不了喝酒。几杯酒下去，人和人的关系自然近了好多。对于初涉职场的年轻人来说，酒桌上遭遇尴尬是常有的事。除了酒量有限以外，很多尴尬是不懂得敬酒礼仪引起的，因此在餐桌上经常会遇到老板或其他领导递过来的不满的眼色。要避免这样的尴尬，熟知酒桌潜规则是你的必修课。

很多人不会喝酒，这里所说的"不会喝酒"并不是说不懂得端起杯子喝下酒，而是指不懂得喝酒最起码的规矩。一般来说，宴会中喝酒都会有人率先提议，提议的人可以是主人、主宾，也可以是在场的其他人。有人提议干杯时，大家应起身站立，右手端起酒杯，或者用右手拿起酒杯后，再以左手托扶杯底，面带微笑，目视其他人特别是自己的祝酒对象，嘴里同时说着祝福的话。即使你因为种种原因滴酒不沾，也要拿起杯子做做样子。将酒杯举到眼睛的高度，说完"干杯"后，将酒一饮而尽或喝适量。然后，还要手拿酒杯与提议者对视一下，这个过程就算结束。

干杯前，你可以象征性地和对方碰一下酒杯。为表示对对方的尊重，一般碰杯时职位低的人或者年轻人，都会让自己的酒杯略低于对方的酒杯。如果两人距离较远，你可以用酒杯杯底轻碰桌面，表示和对方碰杯。

什么时候敬酒，这是个大难题。很多人坐在座位上，自始至终都找不到机会给别人敬酒。他想敬酒的时候，不是有别人在敬酒就是对方在进餐，要么就是说话或者干别的事情。其实，敬酒没有严格的时间限制，用餐开始后你就可以找机会敬酒，适当的机会就是对方方便的时候，比如他当时没有和其他人喝酒，嘴里没有咀嚼。同时还需要注意，应该等身份比自己高的人敬过之后你再敬酒，因为抢在领导敬酒之前敬酒是非常不礼貌的行为。

按照什么样的顺序敬酒也是很多职场人困惑的事。一般情况下，应按年龄大小、职位高低、宾主身份为序。敬酒前一定要充分考虑好敬酒的顺序，分清主次，避免出现尴尬的情况。如果职位、身份高低不明确，顺序统一即可，比如从自己身边按顺时针方向开始敬酒，或者从左到右、从右到左敬酒等。即使和不熟悉的人在一起喝酒，也建议你先打听一下对方的身份或者留意别人对他的称呼，避免出现尴尬或伤害感情。如果你有求于席上的某位客人，对他自然要备加恭敬。但如果在场有更高身份或年长的人，也要先给尊长者敬酒，不然会使大家很难为情。

郝强有一次和经理出去吃饭，席间有客户，还有一些他不认识的人。郝强目标明确，除了敬经理就是敬客户。他并不知道，他不认识的几个人才是他们的财神爷。那几位上级主管部门的领导看到郝强左一杯右一杯地敬酒，就是不敬他们，便有些不高兴。经理频频向郝强使眼色，郝强也没明白过来，经理只得一个劲儿地打圆场。即便如此，最后也没能让几位领导高兴起来。

有时候席间客人的身份、职位比较混乱，按年龄敬酒是一个顺序，按职位敬酒又是另一个顺序，这时很多人感到左右为难，不知道该怎么敬好。这时候就要区分清楚，如果是私人聚会，可以按照年龄来敬；如果是商务应酬，则一定要按照职位高低来决定。

敬酒的时候还要特别注意，无论是主动敬酒的一方还是接受敬酒的一方，都要注意入乡随俗。在北方，特别是东北、内蒙古等地，敬酒的时候往往讲究“端起即干”。在他们看来，这种方式才能表达诚意、敬意。所以，在具体的应对上就应注意，如果自己酒量欠佳应该事先诚恳地说明，不要看似豪爽地端着酒去敬对方，结果对方一口干了，你却只是“意思意思”，这往往会引起对方的不快。另外，对于主动敬酒的人来说，如果对方确实酒量不济，没有必要去强求，喝酒的最高境界应该是“喝好”而不是“喝倒”。同时，如果因为生活习惯或健康等原因不适合饮酒，也可以允许对方委托亲友、部下、晚辈代喝或者以饮料、茶水代替。作为敬酒人，应充分体谅对方，在对方请人代酒或用饮料代替时，不要坚持非得对方亲自喝才行，也不应该好奇地打破砂锅问到底。要知道，别人没主动说明原因就表示对方认为这是他的隐私。

最后提醒各位的是，在你向别人敬酒或者有人向你敬酒的时候，应该停止用餐，等嘴里的食物咀嚼完咽下之后，再做好喝酒的准备。按国际通行的做法，敬酒不一定要喝干，但在敬酒的时候，别忘记说一两句祝酒词，比如“各位，为了以后合作愉快，干杯！”

咖啡礼仪：只有讲究礼节，才能体味它的温馨

第一次采访某私企老板，在了解他的创业经历前，他的一个举动先给了我一个意外。我在咖啡厅等他，约定时间过了半个小时后，他灰头土脸地赶了过来，简短的寒暄过后，我说："我为您点了蓝山咖啡，希望您能喜欢。"他看了我一眼，点点头，然后端起咖啡一饮而尽，接着他大手一挥："服务员，来一壶，再换个大点儿的杯子，这喝着一点儿都不解渴。"服务员闭着嘴巴忍住笑，我说："那么，来一壶铁观音吧。"

不懂咖啡礼仪，怎么能品出它浓厚的美味？吃惯了中餐，喝惯了茶水，很多人对咖啡的确不感冒。商务应酬必不可少的咖啡已经有了越来越重要的地位，洽谈、休闲、联络感情以及其他商务活动，咖啡厅无疑都是一个好去处，那么了解和咖啡有关的礼仪就显得尤为重要。

1. 咖啡杯的拿法。

咖啡一般都是用袖珍型的杯子盛放。这种杯子的杯耳比较小，手指无法穿过去。即使用较大的杯子，也不要将手指穿过杯耳再端杯子，那样端杯子的姿势非常难看。咖啡杯的正确拿法应是拇指和食指捏住杯耳，再将杯子端起。

2. 给咖啡加糖。

有的人喜欢喝苦咖啡，有的人喜欢给咖啡加糖，至于加多少糖可以根据每个人的口味而定。很多人加砂糖直接用手捏住糖，然后丢进咖啡杯里，这很容易使得咖啡溅出，弄脏衣服或台布。正确的做法是用咖啡匙舀取，也可先用糖夹子把方糖夹在咖啡碟的近身一侧，再用咖啡匙把方糖加在杯子里。

3. 咖啡匙的用法。

咖啡匙是专门用来搅咖啡的，而不是用来喝咖啡的。常常见到一些人用咖啡匙喝咖啡，令人啼笑皆非。搅拌之后就把咖啡匙取出来，然后再饮

用咖啡。不要用咖啡匙来捣碎杯中的方糖，应该让方糖自己慢慢地溶化。

4. 咖啡太热怎么办？

刚刚煮好的咖啡温度很高，有些人太着急，就端起咖啡杯，凑到嘴边，试图将咖啡吹凉，这是非常不文雅的行为。你可以用咖啡匙在杯中轻轻搅拌使之冷却，或者等待其自然冷却，然后再饮用。

5. 如何品咖啡？

咖啡一般分三种，一是清咖啡，即不加任何配料；一是浓咖啡，即加入牛奶的咖啡；还有一种是加入威士忌酒的咖啡，叫爱尔兰咖啡。清咖啡比较受欢迎，因为它可以化解油腻。

在喝咖啡之前，我们首先要欣赏它。好咖啡都清澈明亮，透明度较强。咖啡的浓度与混浊概念不同。将汤匙放入咖啡时，汤匙会熠熠生辉，然后舀一汤匙起来，在咖啡滴落的那一瞬间，咖啡会形成宝石般的珠子滴下，这才称得上是一杯润泽有透明度的咖啡。咖啡的香味总是与温暖的心意并存，因此，正确地欣赏一杯咖啡才不辜负主人冲咖啡的心意。

喝咖啡分几个步骤：首先要喝一小口冷水，既能清洁口腔，又可以让舌上的每一个味蕾都充分做好品尝咖啡的准备。咖啡要趁热喝，因为咖啡中的单宁很容易在冷却的过程中起变化，使口味变酸。喝一口不加糖和奶精的黑咖啡，感受一下咖啡未施脂粉时的风味。然后加入适量的糖，再少品一口，最后加入奶精。依照上述的过程享受一杯好咖啡，不仅能体会咖啡不同层次的口感，而且有助于提高鉴赏咖啡的能力。

品尝浓香的咖啡自然要有一个优雅的姿势。饮用咖啡的姿势与距离餐桌的远近有关。如果你坐得离餐桌较近，应该挺直上身，右手握杯耳，慢慢饮用。如果你坐得离餐桌较远，可用左手托杯碟至齐胸处，右手持杯向唇边轻送，左手不动即可。两只手满握杯把或双手握杯、大口吞咽、俯首就杯都是不正确的姿势。千万不要端着杯子说个不停，或者端着咖啡到处走动。还有，未经他人允许，不要擅自替别人的咖啡加糖或奶精。

喝咖啡是不讲究座次的，时间也比较随意，根据每个人的具体情况而定。另外，喝咖啡时经常会搭配一些漂亮的小点心，如果想品尝甜点，就先放下咖啡杯，然后再品尝点心，而不要一只手端着咖啡杯，另一只手捏着点心享用，那就有失风度了。

喝咖啡的礼仪是你必须了解的，即使不常用，也可以提升你的生活品位。中国素来是礼仪之邦，无论是西方文化还是东方文化，我们都该给予最大限度的尊崇，言行举止的适当得体是最基本的要求。因此，任何时刻都不能忽视修养的提升。

茶会礼仪：品茗交谈别忘记致祝颂语

茶会在我国古代就被商界推崇。很早的时候，商人就利用茶楼举行聚会，商谈行市，举行买卖，各行各业都有约定的茶楼作为集合地点。民间也有以茶会友一说。

从表面上看，茶会主要是以茶待客、以茶会友，实际上，它往往是重点不在于“茶”，而在于“话”，即意在借喝茶的机会与社会各界沟通信息、交流观点，实现公关的目的。从这个意义上来讲，茶话会在所有的商务性会议中并不是无足轻重的。

茶会是具有对外联络和招待朋友双重性质的社交性集会，目的是联络老朋友、结交新朋友，参加者可以不拘于形式自由发言。茶会一般不排座次，起码座次安排不会过于明显，可以自由活动，与会者也不用签到，形式比较随意灵活。

既然是茶会，那么茶自然是主角。关于茶的礼仪也是很讲究的。从卫生健康的角度考虑，泡茶要用茶壶，茶杯要用有柄的，不要用无柄茶杯。茶具一般应选择陶质或瓷质器皿，陶质器皿以江苏宜兴的紫砂茶具为佳。不要用玻璃杯，也不要用热水瓶代替茶壶。如用高杯（盖杯），则可以不用茶壶。有破损或裂纹的茶具是不能用来待客的。

在茶会上，客人对茶叶的要求自然会高一些。不同的地区，饮茶的习惯不同，应准备的茶叶也就不同。广东、福建、广西、云南一带习惯饮红茶。近几年受港澳台影响，内地饮乌龙茶的人也多了起来。江南一带饮绿茶比较普遍。北方人一般习惯饮花茶，少数民族地区大多习惯饮浓郁的紧压茶。从年龄来讲，一般年轻人多喜欢饮淡茶、绿茶，老年人多喜欢饮浓茶、红茶。不同情况下，应准备不同的茶叶，但都应该有特色。

品茶会的布置也要有地方特色，对茶叶和茶具的准备和摆放都有讲究。茶话会则比较随便一些，可加摆糖果、瓜子等。音乐茶座更加自由、活泼，乐曲准备比茶更重要，有时可以用饮料代茶。

茶话会的开始通常是在客人就座后，开始洽谈工作之前。如果宾主已经开始洽谈工作才端茶上来，免不了要打断谈话，或为了放茶而移动桌上的文件，这是失礼的。值得注意的是，喝茶要趁热，凉了的茶伤胃，而且茶浸泡过久会泛碱味，不好喝，故一般应在客人坐好后再沏茶。斟茶时要注意，每杯茶水不宜斟得过满，以免溢出洒在桌子上或客人衣服上。一般斟七分满即可，应遵循“满杯酒，半杯茶”之古训。

茶会开始后，主持人应热情致辞，欢迎大家光临，并讲明举办茶会的目的和内容。一般来说，茶会就座比较自由，讲话也不需要有严格的顺序，大家可随感而发，即席发言。当客人发言时，主持者应介绍发言人的身份。

安吉有一次代替领导去参加一个茶话会。因为她是第一次参加类似的活动，对于茶话会的很多礼仪都不清楚。但安吉是个很聪明的姑娘，她有两个显著的优点后，一个是懂得察言观色，一个是能说会道。倾听了其他几位发言人的讲话，安吉就心里有数了，轮到她时，她大大方方地站起来，自我介绍道：“我是 ×× 公司的部门主管安吉，今天宋总有事不能来，我有幸代替宋总参加这个茶话会。关于行业竞争残酷和产品淘汰过快的问题，我有几个想法……”在发言即将结束时，安吉说：“非常感谢主办方组织这次茶话会，让我学到了很多东西，借此祝愿贵公司生意兴隆，财源滚滚！”一席话让主持人脸上露出了笑容，那是欣赏的笑容。

茶话会上也可能会有一些不和谐的现象，比如有的人自始至终不发一言，只是默默地品茶、吃小吃；有的人不时接电话；还有的人中途退场，连个招呼也不打；更有甚者，连吃带拿，干脆将盘子里的瓜子、糖果全部倒进自己的口袋，然后扬长而去！

我们生活在一个物质丰盛的时代，人人都不缺吃穿，千万不要因为这些陋习而使你的自身形象大打折扣。在茶话会进行到最后，主人宣布茶会到此结束，大家陆续离场时，主人会站在门口恭送客人离去，这时候千万别急匆匆地离开，真诚地说一些感谢和祝福的话，不但会加深双方的友谊，更会让你多一个收获黄金人脉的机会。

第九章 商务场合的其他礼仪

商务签约礼仪：要郑重对待，严格履行相关规定

在商务交往中，尽管君子协定、口头承诺、“说话算数”等在一定程度上有作用，但是为了让各方更安心地合作，则需要“口说无凭，立此为据”的文字性合同。

为了使有关各方重视合同、遵守合同，在签署合同时，应举行隆重的签字仪式，签约仪式上的礼仪也应引起足够的重视。经常在电视上看到签约仪式，很多人觉得没什么复杂的，不就是摆几张桌子，双方签个字就 OK 了嘛！事实上，越是看起来简单的事情，办起来越是不简单。光商务签约仪式的准备工作就有一套严格的规定。

第一，形象准备。签约仪式是一个非常严肃正式的场合，因此每个相关人员都要特别注意自己的形象，尤其是在签约当天，不能穿便装出现在签约现场。男士穿西装、女士着职业套装是比较正式的穿戴。如果是接待人员，可以穿相关的工作制服，比如女性可以穿旗袍等礼仪性服装。

第二，场地准备。签约自然要找一个比较正式的场地。一间标准的签字厅，室内应当铺满地毯，除了必要的签字用桌椅外，其他一切陈设都不需要。正规的签字桌一般为长桌，桌子上最好铺设深绿色的台布。签署双边性合同时，放置两张座椅；签署多边性合同时，可以

只放一张座椅。在签字桌上，事先放好待签的合同文本以及签字笔、吸墨器等签字时所用的文具，最好提前先检查一下签字笔等文具是否能正常使用。

如果是与外商签署涉外商务合同，还要在签字桌上插放有关各方的国旗。中方的前面插放中国国旗，外方的前面插放相应国家的国旗。

正式签署合同时，合乎礼仪的做法是：在签署双边性合同时，应请客方签字人在签字桌右侧就座，主方签字人坐在签字桌左侧。随员可以按照职位的高低，依次自左至右（客方）或自右至左（主方）地站成一排，当一排站不完时，按照以上顺序并遵照“前高后低”的惯例排成两排、三排或四排。

第三，合同文本的准备。举行签字仪式是一桩严肃而庄重的大事，须提前准备好相应的文件资料。按照常规，要为在合同上正式签字的有关各方均提供一份待签的合同文本，必要时再提供一份副本。如果是签署涉外商务合同，还要注意同时使用有关各方法定的官方语言，或者使用国际上通行的英文、法文。特别是用外文撰写合同时，一定要谨慎仔细，反复推敲、字斟句酌，不要望文生义或因不解其义而乱用词。

商务合同大都以精美的白纸制作而成，按大八开的规格装订成册，并以高档质料（如真皮、金属、软木等）制作封面。

相比正式的签约过程，似乎准备工作更复杂一些，但这些都是必要的铺垫工作，不但要认真对待，还要严谨仔细。正式的签约过程时间并不长，但其庄重而热烈的氛围一定要体现出来。具体由以下几个步骤构成：

1. 签字仪式正式开始。有关各方人员进入签字厅，在既定的位次上各就各位。

2. 签字人正式签署合同文本。这时需要遵守的商务礼仪是：每个签字人在由己方保留的合同文本上签字时，按惯例应当名列首位。因此，每个签字人均应首先签署己方保存的合同文本，然后再交由他方签字人签字，同时签署由他方保存的合同文本。这一做法在礼仪上称为“轮换制”。它的含义是在位次排列上，轮流使有关各方均有机会居于首位一次，以显示机会均等、各方平等。

3. 签字人正式交换已经由有关各方正式签署的合同文本。此时，双方或者多方签字人会热烈握手，互致祝贺，并交换各自刚才使用过的签字笔，以示纪念。全场人员应鼓掌，表示祝贺。

4. 共饮香槟酒互相道贺。这一般用于比较隆重的场合，即在交换已签的合同文本后，签字人以及相关人员会当场干一杯香槟酒，这是国际上通行的用以增添喜庆色彩的做法。

签字仪式不一定非搞不可，但是，必须郑重对待签约这件事本身，不可草草收场。职场人士对此必须慎重对待。

开业典礼礼仪：提高美誉度，需要从良好的形象开始

在商务活动中，开业典礼是由两个部分组成的，一部分是参加庆典的礼仪，另一部分是组织庆典的礼仪。虽然自始至终只有短短的几个小时，但想拥有隆重且热烈的气氛，并不是一件容易的事。尽管如此，开业典礼在商务活动中仍然扮演着非常重要的角色，究其原因，一方面商家图个吉利，另一方面，开业庆典也是绝好的造势机会，可以通过它加大宣传，对于以后的事业发展裨益良多。

那么，企业要做好开业典礼需要注意哪些方面的礼仪？应从以下几个方面做好工作：

第一，做好宣传工作。之所以举办开业庆典，除了图个喜庆吉利外，还有一个更重要的目的便是趁机造势，利用庆典吸引社会各界人士的注意，取得社会大众对本单位的认可和接受。这些都要在庆典仪式上有所体现，但凡精明的商家都会对此做足功夫。

第二，做好招待工作。招待工作的首要任务就是做好约请工作。应该邀请谁来出席开业庆典，一定要心里有数，并不是出席庆典的人越多越好，也不是大腕越多越好，而是要根据自身实际情况来定。开业仪式影响的大小实际上取决于来宾的身份高低，在能力允许的情况下，最好邀请一些重量级的嘉宾参加开业庆典。上级领导、社会名流、大众传媒、合作伙伴、社区关系者是优先考虑的人选。一旦确定人选，就应发出邀请或通知。

第三，做好现场工作。现场作为庆典活动的中心地点，对它的安排、布置是否恰到好处，往往直接关系着庆典给全体出席者的印象的好坏。选择具体地点时，应结合企业规模的大小、影响力以及本单位的实际情况来决定，量力而行、尽力而为，为企业和来宾创造一个美丽隆重的现场环境。需要说明的是，举行开业仪式时宾主一律站立，一般不布置主席台或座椅。

如果需要特别显示来宾的尊贵，可以在贵宾站立之处铺设红色地毯。

第四，做好服务工作。为使每位来宾都能心情舒畅，在举行开业仪式的现场，应根据具体的需要，安排专人来负责接待来宾，对各个方面“分兵把守”，确保万无一失。最忌讳的是，来宾到场时，因为没有提前做好安排，导致服务人员一窝蜂接待，出现厚此薄彼的现象，那样会使受冷落的来宾有不舒服的感觉。

第五，做好馈赠工作。一般开业典礼结束之后，都会给来宾赠送礼品，这是出于企业宣传的需要。一份特别的礼品不但深入人心，而且会收到理想的宣传效果。根据常规，向来宾赠送的礼品应具有如下三大特征：其一，宣传性。礼品一定要能够起到宣传企业的作用，可以在礼品及其包装上印上本单位的企业标志、广告用语、产品图案、开业日期等。其二，荣誉性。要使之具有一定的纪念意义，并且使拥有者对其珍惜、重视，并为之感到光荣和自豪。其三，独特性。它应当与众不同，具有本单位的鲜明特色，使人一目了然，并且可以令人过目不忘。

第六，做好程序工作。庆典举行的成功与否，与其具体的程序关系紧密。开业庆典礼仪规定：第一，时间宜短不宜长；第二，程序宜少不宜多。组织筹备一次庆典活动，如同进行生产和营销一样，提前做好总体的计划才能取得成功，成功地宣传企业新形象，增强全体员工的自豪感。

在对方发出邀请函后，参加开业庆典的来宾应及时给予答复，好使对方确定人数，做好相关安排。如果不能出席则应该提前通知对方，并为不能出席致歉，届时别忘了恭祝对方开业大吉。

出席开业庆典时，要注意自己的言谈举止。着装应正式严肃，切忌穿着奇装异服出场。女性着装不宜太过暴露，化妆不宜太过浓烈，以免给他人不舒服的感觉。谈吐要文雅礼貌，切忌在会场大声讲话，甚至出言不逊。如果需要发言讲话，最好提前准备好发言稿，做到心中有数，避免上场后一时语塞，出现尴尬的现象。

接受对方的邀请以及礼品时别忘记说感谢的话，及时给予吉祥祝福的话。切忌吃过饭嘴一抹就转身走人，在对方馈赠礼品的时候，也不要接过礼品就离开现场，这些都是不礼貌的行为。无论你的身份和角色如何，都不能忘记礼仪，因为这是尊重别人的基本表现，同时尊重别人本身也是在尊重你自己。

剪彩礼仪：借此良机，吸引各界人士的关注

剪彩现在已经成为一种非常重要的商务活动形式。通常剪彩仪式都是在正门外广场或正门内大厅举行，场内会张挂“×× 商厦开业典礼”或“×× 大桥通车仪式” 等横幅。现场张灯结彩，气球飘扬，还会播放音乐或请乐队演奏音乐，燃放爆竹。相关单位的祝贺花篮会摆放在主席台前。邀请的嘉宾上台剪断红色绸缎，以示喜庆祝贺。

剪彩仪式可以融入开业仪式当中，但现在它多被分离出来，独立成项。之所以剪彩会独立成项，是因为商界人士更看好它的独特作用：第一，剪彩活动热热闹闹、轰轰烈烈，既能给主人带来喜悦，又能令人产生吉祥如意之感；第二，剪彩不仅是对主人既往成绩的肯定和庆贺，而且也可以对其进行鞭策与激励，促使其再接再厉，继续进取；第三，可借剪彩向社会各界通报自己的“问世”，以吸引各界人士对自己的关注。在以上三个主要功能中，最后一个至关重要。正因为如此，商界人士才可以理直气壮地向外界解释说：规模适度的剪彩，其实是一种业务宣传活动，而并非铺张浪费，毫无任何收益。

从剪彩仪式的顺序来讲，目前所通行的剪彩礼仪主要包括剪彩的准备、剪彩的人员、剪彩的顺序、剪彩的做法等四个方面的内容。以下，分别择其要点进行介绍。

准备工作要细致入微。剪彩是在众人眼皮底下举行的活动，稍微出现瑕疵就会被大家看出端倪，因此要认真做好准备工作。剪彩仪式隆重而热烈，所以在场地的布置、环境卫生、灯光与音响的准备、媒体的邀请、人员的规范和要求方面都必须认真细致、精益求精。除此之外，对剪彩仪式上所使用的特殊用具，比如红色缎带、剪刀、白色薄纱手套、托盘以及红色地毯，都要仔细准备。

剪彩人员要审慎选定。剪彩仪式上最为活跃的当然是人，而不是劲爆

的音乐或者震耳的鞭炮声，因此对剪彩人员必须认真选择。根据惯例，剪彩者可以是一个人，也可以是几个人，但是一般不应多于五人。通常，剪彩者由上级领导、合作伙伴、社会名流、员工代表或客户代表担任。

确定剪彩者名单。在一般情况下，确定剪彩者时，必须尊重对方的意见，切勿勉强。需要由数人同时担任剪彩者时，应分别告知每位剪彩者届时他将与何人同担此任，这样做是对剪彩者的一种尊重。千万不要“临阵磨枪”，在剪彩开始前才强拉硬拽，临时找人凑数。为了确保万无一失，可以提前将剪彩者集中在一起，告知对方有关的注意事项，并稍做排练。按照常规，剪彩者应着套装、套裙或制服，并将头发梳理整齐。不允许戴帽子或者墨镜，也不允许穿便装。

确定剪彩者的顺序。如果剪彩者仅为一人，剪彩时请他居中而立就可以了。如果剪彩者不止一个人，几人同时上场剪彩时，位次的尊卑就必须予以重视。一般的礼仪规矩是：中间高于两侧，右侧高于左侧，距离中间站立者愈远，位次便愈低，即主剪者应居于中央的位置。需要说明的是，之所以规定剪彩者的位次右侧高于左侧，主要是因为这是一项国际惯例，剪彩仪式理当遵守。若无外宾，在我国只需要执行左侧高于右侧的传统做法就可以了。

除此之外，剪彩仪式的助剪者也很重要。这些礼仪小姐可以分为迎宾者、引导者、服务者、拉彩者、捧花者、托盘者。迎宾者的任务，是在活动现场负责迎来送往。引导者的任务，是在进行剪彩时负责带领剪彩者登台或退场。服务者的任务是为来宾尤其是剪彩者提供饮料，安排休息的场所。拉彩者的任务，是在剪彩时展开、拉直红色缎带。捧花者的任务则是在剪彩时手托花团。托盘者的任务，则是为剪彩者提供剪刀、手套等剪彩用品。

为了达到宣传企业的目的，通常情况下，剪彩仪式应在行将启用的建筑、工程前或者展销会、博览会的现场举行。虽然剪彩时间并不长，但一定要达到吸引各界人士注意的目的。在主持人宣布仪式开始后，乐队应演奏音乐，现场可燃放鞭炮，全体到场者都会热烈鼓掌。此刻，鸣放的鞭炮和劲爆的音乐以及飞扬的气球会将周围人们的注意力吸引过来，让大家明白“哦，一家商场开业了”或“一条道路要开通了”“一个工程要动工了”等。

当然，在剪彩之前，主办方还会安排一个简短的发言。发言者大都由剪彩人来担任，发言者依次应为东道主单位的代表、上级主管部门的代表、地方政府的代表、合作单位的代表等。内容应言简意赅，每人不超过三分钟，重点分别为介绍、道谢与致贺。

到正式剪彩的环节，为了取得最好的效果，剪彩者最好先向拉彩者、捧花者示意，待对方有所准备后，集中精力，右手持剪刀，表情庄重地将红色缎带一刀剪断。若多名剪彩者同时剪彩，其他剪彩者应注意主剪者的动作，与其动作协调一致，力争大家同时将红色缎带剪断。按照惯例，剪彩以后，红色花团应准确无误地落入托盘者手中的托盘里，此刻众人的目光都集中在剪彩者的手上，因此千万不能使红色花团坠地。剪彩成功后，剪彩者可以用右手举起剪刀，面向全体到场者致意，然后将剪刀、手套放在托盘内，举手鼓掌。接下来，可依次与主人握手道喜，并在引导者的引导下退场。退场时，一般宜从右侧下台。至此，一个完整的剪彩仪式就圆满结束了。

尽管剪彩备受商界推崇和喜爱，但还是提倡“程序宜少不宜多，时间宜短不宜长”的原则，这样不但可以短时间将社会各界的眼球吸引过来，还能达到热烈而不铺张的效果。无论是组织者还是剪彩者，其中的礼仪要求都应该谨记，正因为程序少时间短，礼仪才倍显重要。

新闻发布会礼仪：注意语言艺术，考验综合修养

一家民营企业开发出了一种全新的果汁型饮料，这种饮料不仅符合健康卫生标准，而且营养丰富。然而，当时国内的饮料市场几乎全部被外国品牌所占领，要将这种新型的国产饮料推入市场，并且争得一席之地，可以说是难上加难。于是，企业负责人决定另辟蹊径，在力所能及的情况下，为自己做一次软广告。在饮料消费的旺季来临之前，这家企业专门在北京的一座举世知名的建筑物里召开了一次新闻界人士为主要参加者的新产品说明会。一时间，该饮料名声大振，销量也随之大增，终于在饮料市场上脱颖而出。

这并不是传说，新闻发布会可以成就一家企业，同时它也能毁掉一家企业。为什么新闻发布会有这样大的威力？因为它有着鲜明的特点：

1. 正规隆重。新闻发布会的形式正规，档次较高，而且地点多为精心选择，还会邀请行业主管、政府官员等重要人物参加。

2. 沟通互动。双向互动，先发布新闻，后请记者提问。

3. 媒体集中，可以迅速将消息传播给公众。它的常规形式是由某一商界单位或几个有关的商界单位出面，将有关的新闻界人士邀请到一起，在特定的时间和特定的地点举行一次会议，宣布某一消息，说明某一活动，或者解释某一事件，争取新闻界对此进行客观而公正的报道，并且尽可能地争取扩大信息的传播范围。

对于企业以及职场中人而言，新闻发布会的礼仪至少应当包括会议的筹备、媒体的邀请、现场的应酬、善后的事宜等四个主要方面的内容。以下对其分别简单介绍：

会议的筹备：筹备新闻发布会，要做的准备工作甚多，其中最重要的是要做好主题的确定、时空的选择、人员的安排、材料的准备等具体工作。

媒体的邀请：新闻发布会，主办单位的邀请对象自然以新闻界人士为

主。在邀请新闻界人士时，必须有所选择、有所侧重。不然的话，就难以确保新闻发布会的成功。

现场的应酬：在新闻发布会的过程中，往往会出现种种问题，甚至还会有难以预料的情况出现。要应付这些难题，确保新闻发布会顺利进行，除了主办单位的全体人员要齐心协力、密切合作之外，更重要的是代表主办单位出面招待来宾的主持人、发言人要善于应变，能把握全局。

善后的事宜：新闻发布会结束之后，主办单位需在一定的时间内，对其进行一次认真的评估善后工作。

这里要着重强调的是，新闻发布会是对企业和个人的综合考验。不论是主持人还是发言人，在新闻发布会上必须保持一致的口径，不允许相互拆台。当媒体提出的某些问题过于尖锐或难于回答时，主持人要想方设法转移话题，不使发言人难堪。而当主持人邀请某位新闻记者提问之后，发言人一般要做出回答。

主持人要做的主要是主持会议、引导提问，发言人要做的则主要是发言、答复提问。有时，在重要的新闻发布会上，为慎重起见，主办单位往往会安排数名发言人同时出场。若发言人不止一人，多位发言人事先一定要做好内部分工，避免出现混乱和口径不一的情况。

主持人也好，发言人也罢，其实都代表着单位。当然，每家企业的风格和每个人的说话方式都不同，但按照礼仪规范，新闻发布会的语言应该具备以下几个特点：

首先要简明扼要。不管是发言还是答问，都要条理清楚、重点集中，让人既一听就懂，又难以忘怀，不要刻意卖弄口才。

其次要提供新闻。既然是新闻发布会，自然要有新闻发布。媒体就是特意为此而来的，所以在不违法、不泄密的前提下，要尽量满足媒体在这一方面的要求，要在讲话中善于表达自己的独到见解。

再次要生动灵活。适当地运用一些幽默风趣的语言，也是必不可少的。

最后要温文尔雅。新闻记者大都见多识广，加之大家又是有备而来，所以他们在新闻发布会上经常提出一些尖锐的问题。遇到这种情况，发言人能答则答，不能答则应当巧妙地避实就虚。无论如何，都不要恶语相加，甚至粗鲁地打断对方的提问。吞吞吐吐、张口结舌，也不会给人以好的印象。

既然要代表公司出现在新闻发布会的现场，就要求你具备良好的外形和表达能力，平时要积累多方面的知识，培养清晰明确的语言表达能力、善于倾听的能力以及灵敏的反应能力，以便在执行原定计划的前提下灵活加以调整。渊博的知识加上得体的礼仪，一定会让你成为聚光灯下那个最耀眼的人物！

洽谈会礼仪：礼敬于人，互惠互利，平等协调

大家可以看到，大凡正规、正式的洽谈，都是很注重礼仪的。绝大多数正式的商务洽谈，本身就是按照一系列约定俗成的礼仪和程序进行的庄重的会晤。因此，在商务洽谈中，正确的态度应当是：既要讲谋略，又要讲礼仪。倘若只讲谋略而不讲礼仪，或只讲礼仪而不讲谋略，对于洽谈的成功都不会有好的影响。

洽谈会是单位和单位之间的交往，所以大家在洽谈会上应该表现出敬业、职业、干练、有效率的形象。仪表上，对参加人员有严格的要求。如男士不准蓬头垢面，不准留胡子或留大鬓角。女士应选择端庄、素雅的发型，化淡妆，染彩色头发、化艳妆或使用香气浓烈的化妆品，都是不礼貌的行为。

洽谈过程中，双方人员的态度、心理、方式等，都会对洽淡造成重大影响。因此要求参会人员在洽谈会的整个进程中，时时、处处、事事表现出真诚。

洽谈的目的是促成合作或为合作而进行准备，所以圆满的结局，应当是洽谈的所有参与方都取得一定的成功，获得更大的利益。如果把商务洽谈视为一次性买卖，主张赢得越多越好，争取以自己的大获全胜和对手的彻底失败来作为洽谈会的最终结果，必将危及与对方的进一步合作。

一般来说，洽谈会礼仪主要体现在洽谈的筹划与洽谈的方针两大方面，它们互为表里、不可分割，共同决定着洽谈会的成败。为商务洽谈而进行的技术性准备，就是要求洽谈者事先充分地掌握有关各方的状况，了解洽谈的“谋篇布局”，并就此构思、酝酿正确的洽谈手法与洽谈策略。否则的话，你很可能会在洽谈中两眼一抹黑，目标不明，方法不当，顾此失彼，功败垂成。有经验的商界人士都清楚，最理想的洽谈结局不应当是“你死我活”“鱼死网破”，而应当是有关各方的利益和要求都得到了一定程度的照顾，亦即达成妥协。在洽谈中，为对手留下余地，不搞“赶尽杀绝”，不

但有助于保持与对手的正常关系，而且会使商界同人对自己刮目相看。这就需要做好下面几个准备：

知己知彼。孙子曰："知彼知己，百战不殆。"在洽谈前，如果你能下些功夫对对手有所了解，并就此有所准备，则在洽谈中，你就能够扬长避短、避实就虚，"以我之长，击敌之短"，取得更好的成绩。

熟悉程序。虽然谈判桌不比战场，但洽谈事关重大，不允许人们视为儿戏，不允许人们在"知其一，不知其二"的情况下仓促上阵。一般来讲，洽谈的过程包括"七部曲"，指探询、准备、磋商、小结、再磋商、终结以及洽谈的重建等七个具体的步骤，它们一环扣一环。在其中每一个具体的步骤上，都有自己的起、承、转、合，都有一系列台前与幕后的准备工作要做，并且需要当事人具体问题具体分析，随机应变。

洽谈策略。事实上，任何一方在洽谈中的成功，都不仅要凭借实力，更要依靠对洽谈策略的灵活运用。制造竞争、火上浇油、利用时限、声东击西等策略，任何行家里手都不会不清楚，更重要的是活学活用，这并非每个人都能做到，而这一点正是你需要修炼的。

这里需要特别提醒的是，无论洽谈结果好与坏，都一定要注意自己的言行举止。如果在洽谈的过程中，举止粗鲁、态度刁蛮、表情冷漠、语言失礼，不知道尊重和体谅对手，无形中伤害或得罪了对方，则会大大加强对方的防卫性和攻击性，为自己增添阻力和障碍。其次，在商务洽谈中，利益是各方关注的核心。对任何一方来说，讲究的都是趋利避害，在不得已的情况下，则会两利相权取其大、两害相权取其轻。虽然如此，但也要谨记依法办事，不能为了利而做出违法的事来。还有一些人喜欢在洽谈中附加人情世故，擅长搞"人情公关"，即和对方吹吹打打，与对手称兄道弟，向对方施以小恩小惠，这是非常错误的行为。实际上，无论你采取什么方式，最后都无济于事，因为人情归人情、生意归生意，任何有经验的商界人士，都不会在洽谈会上让情感战胜理智。在洽谈中，过多地附加人情，实在是误入歧途。

现代商界，最讲究的是伙伴、对手之间同舟共济，既要讲竞争，又要讲合作。因此，当你参加洽谈会时，应当争取的结局是既利己又利人。即使不能实现双赢，也应该“以礼服人”，买卖不成，交情不散，这可以给自己的人脉银行存上一个好朋友，也是一笔不小的收获！

展览会礼仪：利用专业信息，提升地位和声誉

展览会规模大小不一、门类繁多，比如化妆品展览会、汽车展览会、电子产品展览会等。为什么展览会这么受欢迎？因为它可以现场说法打动观众，你可以在现场试用那些新产品，体验它们的神奇效用。展览会不但可以帮主办单位广交朋友，还可以借助个体传播、群体传播、大众传播等各种传播形式，使主办单位的信息广为传播，提高其名气与声誉。正因为如此，几乎所有的商界单位都对展览会备加重视。

举办一场展览会容易，但要成功地举办一次展览会并不那么简单。在中国国际展览中心举办的一次国际制冷展上，美国TRAE公司凭借出色的展览设计及礼仪模特企划，获得了极大成功，人们纷纷被TRAE公司独特的展示设计所吸引。在亮丽的背景幕布上，悬挂着一张巨幅风景画，象征着TRAE公司为改善人们的生存环境而奋斗。在展台上，两位美丽动人的小姐面带微笑和来宾合影，一位专业摄影师用一次成像的相机把这一幕变成永恒。短短几天，大约4000人得到了自己与TRAE小姐合影的照片。TRAE公司趁此机会向每一个合影留念的人介绍自己的产品，分发宣传册，邀请他们亲自体验新产品带来的改变。这样的举动一度被传为佳话。

为了引起社会各界对展览会的重视，并且尽量扩大影响，参展单位有必要设计专门的活动，对自己的公司和产品进行大力宣传。因为只有显示出独特之处，才能真正地吸引各界人士的注意。

除了要做好对外宣传工作，对内部人员的培训也非常必要。每家公司都必须要求自己派出的全部人员齐心协力、同心同德，为大获全胜而努力奋斗。在整体形象、待人礼貌、解说技巧等主要方面，参展公司尤其要予以特别重视。以下，就分别对其做简要的介绍。

大家都知道，当一个单位参展时，单位的整体形象会直接映入观众的眼里，一个单位实力强不强、团结不团结，观众可以在短短的几分钟内做

出判断。这个判断由两个方面形成，一个是参展的产品，另一个就是工作人员的形象。产品再好，如果工作人员形象不好、素质不高，观众也无法产生信任感。员工形象好，可产品质量不过硬，也无法说服观众。因此，对于两者，参展公司必须给予同等重视，不可偏废其一。

展示产品的形象，主要由展品的外观、展品的质量、展品的陈列、展位的布置、发放的资料等构成。一般来说，用以展览的展品外观上要力求完美无缺，质量上要优中选秀，陈列上要既整齐美观又讲究主次，布置上要兼顾主题的突出与观众的注意力。而在展览会上向观众发放的有关资料，则要印刷精美、图文并茂、资讯丰富，并且注有参展单位的主要联络方式，如公关部门与销售部门的电话、传真以及电子邮箱等信息。

工作人员的形象，则主要是指在展览会上，直接代表参展单位露面的人员的穿着打扮及其言谈举止。在一般情况下，在展位上工作的人员应当统一着装，最佳的选择是身穿本单位的工服，或者穿深色的西装、套裙。在大型的展览会上，参展单位若安排专人迎送宾客，则最好请其身穿色彩鲜艳的单色旗袍，并胸披写有参展单位或其主打展品名称的大红色绶带。为了说明各自的身份，全体工作人员皆应在左胸佩戴标明本人单位、职务、姓名的胸卡，但礼仪小姐例外。按照惯例，工作人员不应佩戴首饰，而且男士应当剃须，女士则最好化淡妆。

接下来是比较重要的两点礼仪要求，一是注意待人礼貌，二是解说专业。不管是宣传型展览会还是销售型展览会，参展单位的工作人员都必须真正地意识到观众是自己的上帝，为其热情而竭诚地服务则是自己的天职。为此，全体工作人员都要将礼貌待人放在心坎上，并且落实在行动上。展会一旦正式开始，参展单位的全体工作人员即应各就各位，站立迎宾。不允许迟到、早退、无故脱岗、东游西逛，更不允许观众到来之时坐卧不起，怠慢对方。

当观众走近自己的展位时，工作人员要面含微笑，主动地向对方说："您好！欢迎光临！"随后，还应面向对方，稍微欠身，伸出右手，掌心向上，指尖直指展台，并告知对方："请您参观。"对于观众所提出的问题，工作人员要认真回答，不允许置之不理或以不礼貌的言行对待对方。当观众离去时，工作人员应当真诚地向对方欠身施礼，并道以"谢谢光临"或"再见"。

解说技巧也是工作人员必须具备的专业素质之一。这里主要是指参展单位的工作人员在向观众介绍展品时，应当掌握的基本方法和技能。解说要因人而异，具有针对性。与此同时，要突出展品的特色。在实事求是的前提下，要注意扬长避短，强调"人无我有"之处。在必要时，还可邀请观众亲自动手操作，或为其进行现场示范。此外，还可安排观众观看与展品相关的影视片，并向其提供说明材料与单位名片。通常，说明材料与单位名片应常备于展台上，由观众自取。

按照国外的常规说法，解说时一定要注意"FABE"并重，其中，F 指展品特征，A 指展品优点，B 指客户利益，E 则指可资证明的证据。这就是说，工作人员在向观众进行解说时，要注意以客户利益为重，要在提供有利证据的前提下，着重强调自己所推销的展品的主要特征与主要优点，以使客户觉得言之有理，乐于接受。尾随观众兜售展品，弄虚作假，或者强行向观众推介展品，都是绝对不可取的行为。

展览会表面上是展销产品，实际上是一家公司实力的综合展销，从产品性能到公司人员的综合素质，都在短短的时间内呈现给观众。因此，每个职场中人都应该认真对待，恰到好处地展示自己的礼仪修养。有时候，这比产品优越的性能更为重要！